Nicky The Robot
Copyright ⓒ 2018 by Rocket Baby Club
All rights reserved.

No part of this book may be used or reproduced in any manner whatever without written permission,
except in the case of brief quotations embodied in critical articles or reviews.
Korea Translation Copyright ⓒ 2022 by SJW International
Korean edition is published by arrangement with Rocket Baby Club,
Cambridge, U.S.A. through BC Agency, Seoul

이 책의 한국어판 저작권은 BC 에이전시를 통한 저작권자와의 독점 계약으로 SJW International에 있습니다.
저작권법에 의해 한국 내에서 보호를 받는 저작물이므로 무단전재와 무단복제를 금합니다.

로봇 니키

어린이 머신 러닝:
로봇이 세상을 이해하는 방법

로켓 베이비 클럽 지음
권보라 옮김

2018년 하버드 대학교와 MIT 연구원들은 젊은 세대에게 새롭고 흥미로운 발견을 전달하자는 오랫동안의 연구 끝에 어린이와 어른 모두에게 복잡해 보이는 주제를 쉽고 체계적으로 전달할 수 있는 교육 콘텐츠를 만들었습니다. 이러한 노력이 담긴 이 책을 즐겁게 읽어주세요. 여러분의 다양한 의견을 환영합니다!

RocketBabyClub LLC
Cambridge, MA, USA
Join the Rocket Baby Club now at www.rocketbabyclub.com

안녕! 나는 너의 로봇 친구야.
이름은 '닉키'라고 해.

나는 로봇이고 너처럼 어린아이야.
우리에게는 다른 점이 딱 한 가지 있어.
내가 '머신 러닝'을 한다는 거야.

머신 러닝은 전 세계에서
가장 멋진 기술 중 하나야!
로봇도 머신 러닝으로 학습을 하면
너처럼 많은 일을 할 수 있어.

예를 들어 볼까?
나는 머신 러닝으로 자동차 운전을
배울 수 있어.

나는 엄마 아빠가 자동차 운전을
하는 걸 보고 배웠어.

엄마 아빠는 여러 상황에서
항상 같은 행동을 보여주었지.

엄마 아빠는 빨간 불이 켜지면 항상 멈췄어.
자동차를 멈추도록 했지!

나는 엄마 아빠를 계속 지켜보았어.
그리고 여러 상황과 행동을 기억했지.

이렇게 기억한 것을 '데이터'라고 불러.
데이터는 나한테 매우 중요해.

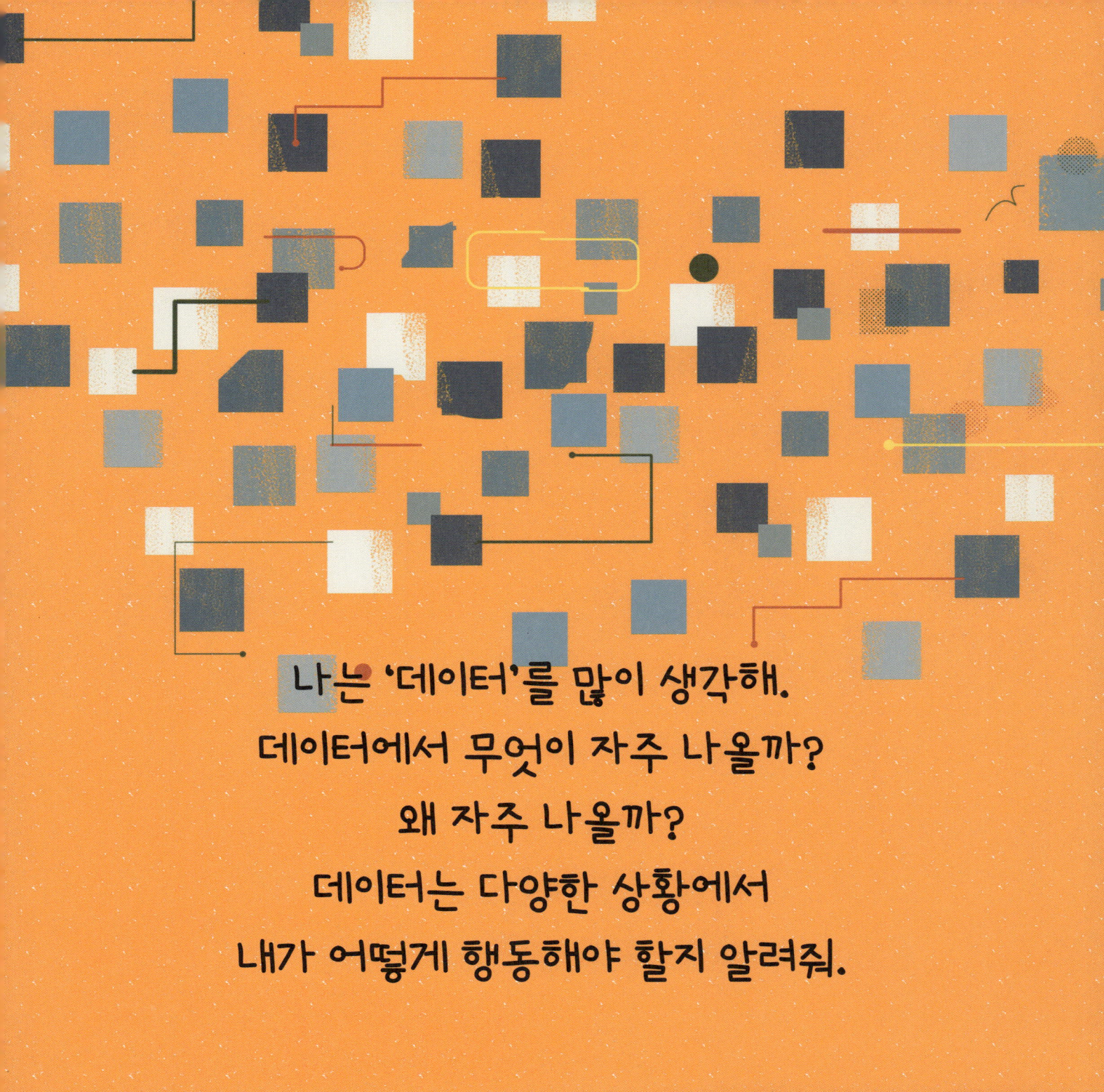

나는 '데이터'를 많이 생각해.
데이터에서 무엇이 자주 나올까?
왜 자주 나올까?
데이터는 다양한 상황에서
내가 어떻게 행동해야 할지 알려줘.

나는 운전에 대한 책을 읽거나
학교에서 운전을 배운 적이 없어.

그래도 나는 빨간 불이 켜지면 멈춰야 하고
언제나 사람들을 먼저 건너가게 해야
한다는 걸 알고 있지.

I love you
Je t'aime
好きです
ek het jou lief
volim te
ti amo
amo-te
ich liebe dich
te iubesc
Ich liebe Dich
kocham cie
quiero te

자동차 운전 말고도
내가 배울 수 있는 건 엄청 많아!

나는 머신 러닝으로 너의 말을 이해할 수 있어.
머신 러닝으로 말을 배울 수 있거든.

나는 머신 러닝으로
친구들의 얼굴도 알아볼 수 있어.

나는 머신 러닝으로 노래를 부를 수 있어.
노래를 만들 줄도 알지!

나는 머신 러닝으로
네가 가장 좋아하는 음식과
옷이 뭔지 알아맞힐 수도 있어.

우리 집 가격이 오를지 안 오를지 궁금하다고?
내가 답을 찾아볼게!

나는 사람들을 지켜주기도 해!
나쁜 사람들이 어떻게 행동하는지 살펴본 다음,
그들이 또 나쁜 짓을 저지르는지
알아낼 수 있어!

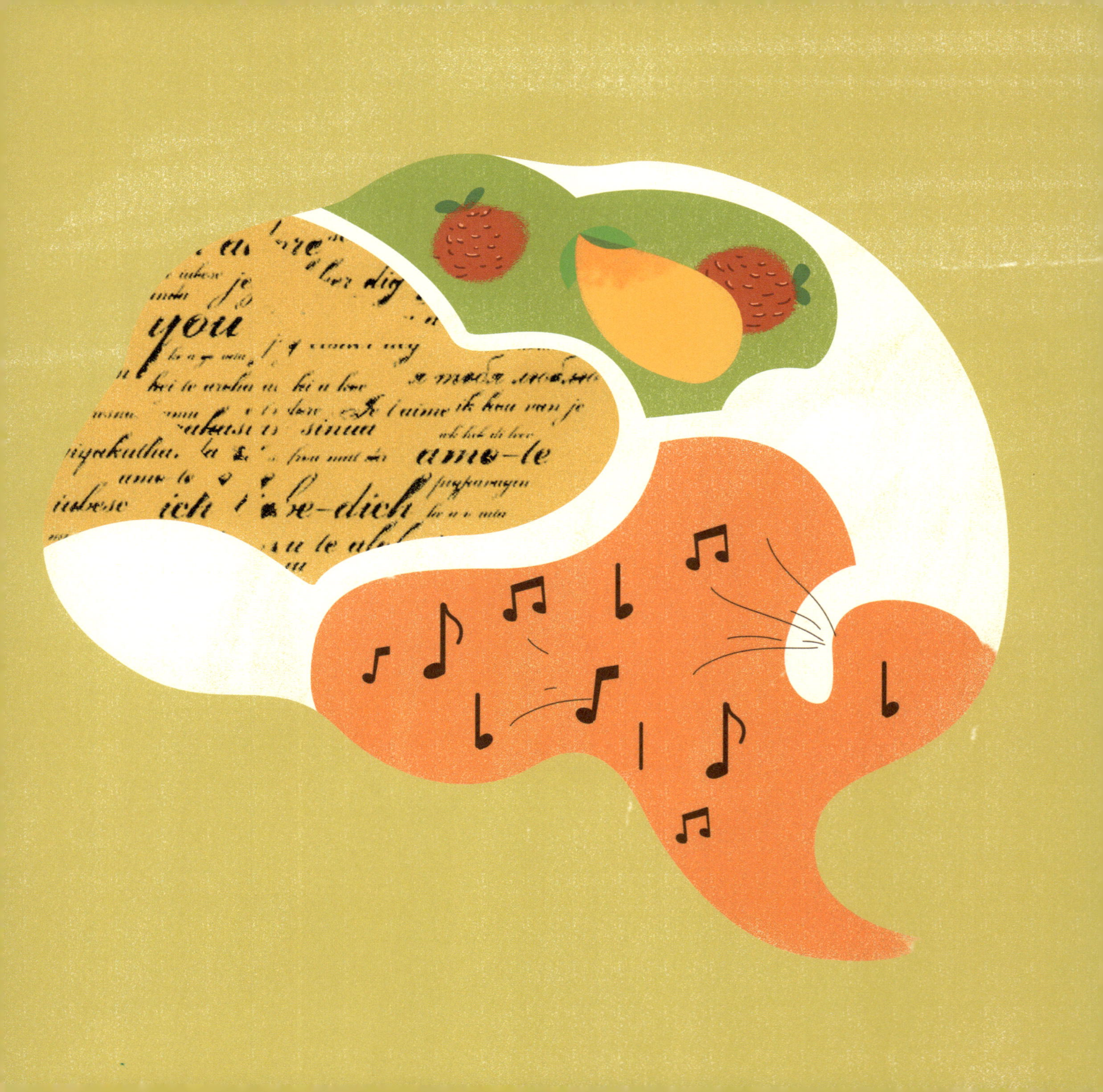
you
Je t'aime ik hou van je
amo-te

내가 머신 러닝으로 할 수 있는 일들은 정말 많아!
이렇게 많은 일들을 하기 위해서는
정말 많은 데이터가 필요해.

말을 배우려면 너와 자주 이야기해야 해.
노래를 하고 만들려면 많은 노래를 들어야 하지.
네가 원하는 걸 찾아내려면
네가 좋아하는 것들을 많이 봐야 해.

내 세계에서
모든 것은
'데이터'로
이루어져 있어.

데이터에는 자주 나오는 것들이 있어.
나는 그것을 열심히 배우지.
이렇게 배워서 스스로 행동하는 거야!

머신 러닝의 세계에 온 것을 환영해!
나는 열심히 공부해서
천재 로봇이 될 거야.

머신 러닝의 세계를 발견한 너도
천재가 될 수 있어!

머신 러닝을 왜 배울까?

사람들은 로봇에게 '뭔가를 배울 수 있는 능력(지능)'을 만들어주었어요. 이러한 능력은 로봇이 저절로 갖게 된 능력이 아니지요. 사람의 힘으로 로봇에게 만들어준 능력이에요. '인공', 즉 '사람의 힘'으로 만든 '지능'이라고 해서 '인공 지능'이라고 불러요. 인공 지능을 가진 로봇이 학습하는 방법이 바로 '머신 러닝'이지요. '머신'은 로봇을 포함한 모든 기계를 말해요.

먼저, 인공 지능으로 더 많은 일들이 '지능형 로봇'에 의해 자동화되고 있어요. 예를 들어 볼까요? '자율주행 자동차'는 사람을 대신해 운전을 할 수 있어요. '가정용 로봇'은 간단한 집안일을 대신할 수 있지요. SNS(소셜 네트워크 서비스)에서는 사람들이 누군지 몰라도 '그들의 얼굴'만 보고 누군지 알 수 있어요. 인공 지능 기술은 앞으로도 이렇게 계속 발전할 거예요. 그리고 우리 일상에서 자주 쓰이게 될 거예요.

머신 러닝을 이해하는 것은 우리가 미래를 살아가는 데 굉장히 중요한 일이 될 거예요. 인공 지능에 대해 알면 '로봇이 할 수 있는 일'과 '로봇이 할 수 없는 일'을 알 수 있지요. 그것을 알면 우리 생활에서 로봇에 대해 이해하고 어떻게 쓸 수 있을지 미리 준비할 수 있어요. '나만의 로봇'을 만들 수도 있지요! 그런데 아직 학교에서는 인공 지능에 대해 거의 알려주지 않아요.

그래서 우리는 친구들에게 과학에 대해 많은 것을 알려주고 싶어서 앞장섰어요. 미래를 이끌어갈 여러분이 과학에서 어떤 일들이 활발히 이루어지고 있는지 아는 것은 굉장히 중요해요!

이 책을 만든 사람들

이 책은 하버드 대학교 공과대학(Harvard School of Engineering and Applied Sciences)의 펠릭스 웡(Felix Wong)이 이끄는 연구진이 만들었습니다. 그림은 다양한 그림을 그릴 수 있는 뛰어난 일러스트레이터 구이링 리우(Guiling Liu)가 그렸어요. www.rocketbabyclub.com에서 더 많은 정보를 찾아보세요!

이 책을 만든 사람들의 모임

이 책을 재미있게 읽었나요? 다른 제품이 궁금한가요? 그렇다면 www.rocketbabyclub.com 웹사이트를 방문하거나 admin@rocketbabyclub.com으로 이메일을 보내주세요. 로켓 베이비 클럽은 초등학생과 유아 모두를 위해 책을 만듭니다. 언제나 여러분을 기다리고 있어요!

옮김 **권보라**

한양대학교 컴퓨터공학부를 졸업하고 삼성SDS에서 일했다. 현재는 번역 에이전시 엔터스코리아에서 전문 번역가로 활동 중이다. 옮긴 책으로는 《놀면서 저절로 알게 되는 어린이 코딩 개념》《미래를 어떻게 읽을 것인가》《제품의 언어》(UX 컬처 시리즈)가 있다.

로봇 닉키
어린이 머신 러닝: 로봇이 세상을 이해하는 방법

초판 1쇄 발행 2022년 10월 28일

지은이 로켓 베이비 클럽
옮긴이 권보라
펴낸곳 ㈜에스제이더블유인터내셔널
펴낸이 양홍걸 이시원

주소 서울시 영등포구 국회대로74길 12 남중빌딩 시원스쿨
구입 문의 02)2014-8151
고객센터 02)6409-0878

ISBN 979-11-6150-640-1 77840

이 책은 저작권법에 따라 보호받는 저작물이므로 무단복제와 무단전재를 금합니다. 이 책 내용의 전부 또는 일부를 이용하려면 반드시 저작권자와 ㈜에스제이더블유인터내셔널의 서면 동의를 받아야 합니다.
시원주니어는 ㈜에스제이더블유인터내셔널의 어린이 단행본 브랜드입니다.

독자 여러분의 투고를 기다립니다.
책에 관한 아이디어나 투고를 보내주세요.
siwonbooks@siwonschool.com

차례

- 4·지구 탐험 가이드
- 6·하나밖에 없는 지구
- 8·운석과의 충돌
- 10·지구 역사의 시작
- 12·화산대
- 14·움직이는 지각
- 16·폭발하는 화산
- 18·용암 분출
- 20·지진
- 22·조산 운동
- 24·대륙과 대륙의 충돌
- 26·지각 형성
- 28·풍화와 침식
- 30·지층의 생성 과정
- 32·변성 작용
- 34·놀라운 지구
- 36·물
- 38·해양저 평원
- 40·강
- 42·해안선
- 44·지하수
- 46·남극과 북극
- 48·빙하
- 50·사막
- 52·생명을 유지시키는 흙
- 54·지구를 이룬 물질
- 56·화성암
- 58·퇴적암
- 60·변성암
- 62·지구의 역사
- 64·찾아보기

지구 탐험 가이드
Putting the Earth in a Book

사람과 동식물이 살고 있는 지각(지구의 가장 바깥쪽을 둘러싼 부분)은 지구 전체의 일부에 지나지 않는다. 지구의 표면을 형성하는 힘들을 설명하기 위해 이 책은 때때로 지구 내부 깊숙한 부분을 단면 그림으로 보여준다. 그리고 지도, 사진, 그림 등의 자료를 통해 지구의 다양한 모습과 지구의 활동 모습, 그리고 그것들이 어떻게 이루어졌는지 설명한다.

아메리카 / 아프리카와 유럽 / 동아시아와 오세아니아 / 환태평양

지구의 네 가지 모습
각각 다른 지역을 나타낸 지구의 모습이다. 이 중 하나가 대부분의 페이지에 실려 있어 그 페이지의 주요 그림이 지구의 어디에 있는지 알려준다.

보기
각 페이지는 지구의 특별한 지역을 그림으로 소개하고, 지리적으로 특징 있는 곳을 설명한다. 더 자세한 내용은 작은 그림으로 설명한다.

지도를 보는 방법
지구의 각 부분을 사각형으로 둘러싸고 확대하여 자세히 보여준다. 세부 지도에서는 지면을 잘라 단면으로 나타냈고, 그림으로 나타내지 않은 곳은 점선으로 처리했다.

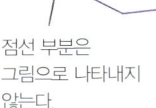 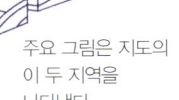

사진
암석이나 지리적 작용으로 이루어진 지형이 어떤 모습이 되는지 보여준다.

작은 그림은 큰 그림의 일부를 자세히 보여준다.

주요 그림
주요 그림으로 보인 지역의 서로 다른 종류의 암석은 다른 빛깔로 나타냈다.

이 지역에 있는 암석의 종류를 보여준다.

설명
그림과 관계있는 사실과 정보를 설명한다.

도표
그림과 관계있는 내용을 도표로 설명한다. 단계에 따른 그림은 지형이 이루어진 과정을 나타낸다.

축소한 산맥

어떤 그림은 지구의 거대한 부분을 축소해 보여준다. 아래는 히말라야 산맥과 티베트 고원의 일부인데, 실제 길이는 수백 킬로미터나 된다.

고대의 지도(오른쪽) 제작자들은 알 수 없는 곳은 상상으로 그려 넣었다. 오늘날에는 인공위성에서 찍은 사진(위)과 비교하면서 지도를 제작한다.

확대

그림의 일부를 쉽게 관찰할 수 있도록 떼어 내 확대한다. 이 그림은 산맥의 내부에 어떤 암석이 있는지 보여준다.

지구 표면 아래

지구의 표면뿐만 아니라 그 아래에서 일어나는 변화도 그림으로 보여준다. 지구 내부의 움직임을 알면 지구 표면의 지형과 암석을 쉽게 이해할 수 있다.

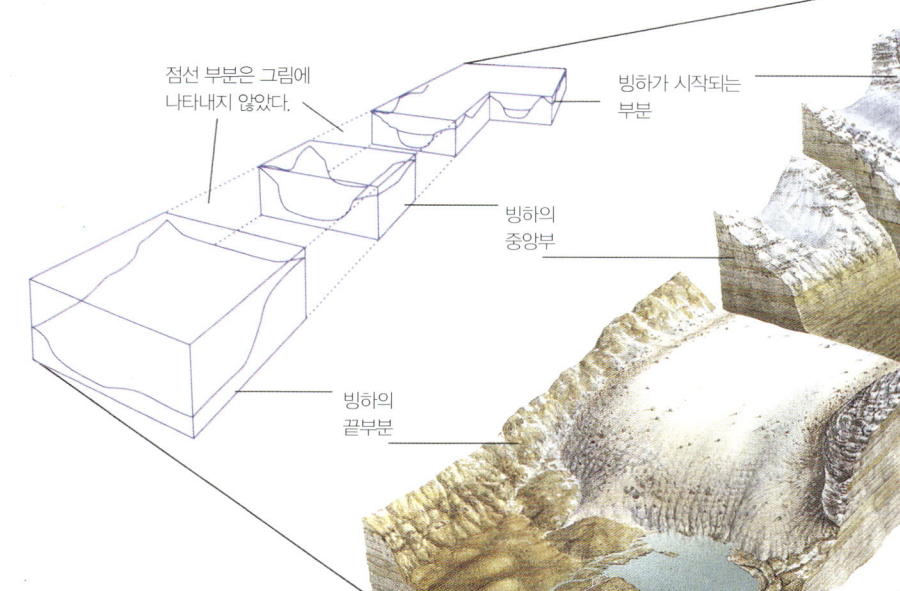

단면

위 그림은 관찰하기 힘든 캐나다의 애서배스카 빙하의 표면과 내부의 모습이다. 빙하가 지나갈 때 자갈과 바위 조각이 함께 이동하여 생긴 암석의 표면을 단면으로 보여준다.

화산 폭발의 전과 후

지형은 계속 변하고 있다. 이 책은 지구의 표면을 변화시키는 힘들에 관해 설명한다. 때로는 갑작스러운 변화가 생기기도 하는데, 미국의 세인트헬렌스 화산 폭발로 산의 일부가 몇 시간 만에 날아가 버렸다.(오른쪽 두 사진) 어떤 경우는 아래 세 그림처럼 인류가 출현하기 전부터 조금씩 계속 변화한 것도 있다.

폭발하기 전의 세인트헬렌스 화산

1억 년쯤 전의 지형이다. 습지에서 산 공룡의 발자국이 젖은 모래에 찍혔다.

같은 지역의 4천만 년 후의 모습이다. 공룡은 멸종되어 사라지고, 발자국은 오랫동안 땅 속에 남아 있다. 땅이 가라앉아 얕은 바다가 된다.

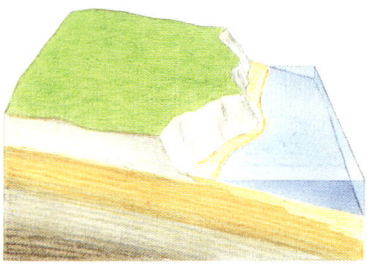

오늘날 바다가 없어지고 마른 땅이 남는다. 바닷속에 쌓인 진흙 같은 퇴적물이 굳어져 이루어진 석회암이 침식되어 깎아지른 듯한 낭떠러지가 된다.

폭발 후의 세인트 헬렌스 화산. 산꼭대기가 있던 곳에 큰 구덩이가 생겼다

하나밖에 없는 지구
Earth is Unique

지구는 대기라는 가스층에 덮여 있다. 대기의 5분의 1을 차지하는 산소는 생명을 유지시키는 중요한 역할을 한다. 그리고 지구의 대부분을 물이 덮고 있다. 그래서 필요한 만큼 수증기를 대기 중에 발생시켜 기온을 적당히 유지시킨다. 지구 내부에서 끊임없이 흐르는 전류가 자기장을 만들어 우주의 방사선으로부터 지구를 보호하는 한편, 지각은 지구 내부의 움직임에 의해 끊임없이 변한다.

녹색 행성
지구가 녹색으로 보이는 건 식물들 때문이다. 잎에 엽록소가 있는 식물은 태양의 빛에너지를 이용하여 대기 중의 이산화탄소와 뿌리에서 빨아 올린 물로 영양분을 만든다. 이것을 광합성이라고 하는데, 이 과정에서 사람과 동물에게 필요한 산소를 내보낸다.

육지
육지는 지구 표면의 약 30%밖에 안 된다.

지구의 내부 구조
지각은 주로 산소, 규소, 그리고 몇몇 금속 원소들로 이루어져 있다. 지각 밑에는 보다 무겁고 두꺼운 맨틀층이 외핵과 내핵을 감싸고 있다. 무거운 금속 원소로 이루어진 내핵은 지구에서 가장 밀도가 높은 부분이다. 액체로 이루어진 외핵은 끊임없이 대류 운동을 하여 지구 주위에 계속해서 자기 변화를 일으킨다.

공기
지구를 둘러싼 대기를 구성하는 공기는 육지와 바다에 의해 따뜻해지거나 차가워져서 흐른다. 그리고 지구의 자전에 의해 지구 둘레를 돌아 소용돌이치며 흐른다.

물
지구 표면의 약 4분의 3이 물에 덮여 있다.

지각
단단한 암석으로 이루어진 지각은 대륙에서는 두껍고, 해양에서는 얇다.

암석권과 암류권
맨틀의 최상부 두께 약 100km 부분은 지각과 붙어 있다. 이 부분과 지각을 합쳐 암석권이라고 한다. 암석권 아래에 좀더 뜨겁고 부드러운 암석층이 약 100km 두께로 있는 부분을 암류권(그리스어 '약한 곳'에서 비롯됨)이라고 한다.

맨틀
지구 부피의 약 90%를 차지하는 맨틀은 몹시 뜨겁고, 규산염 광물의 암질로 이루어졌다. 고체인데도 수천만 년 동안 천천히 대류하고 있다.

옛날 사람들이 상상한 지구
아래 그림은 옛 바빌로니아 사람들이 생각한 세계이다. 지구는 둥글며, 속이 비어 있는 산이 물 위에 떠 있다. 항성과 유성, 행성이 하늘을 이루고 있고, 태양은 날마다 동쪽 문으로 뜨고, 서쪽 문으로 진다. 오늘날에도 지구의 맨틀이나 핵을 보았거나 표본을 채취한 사람은 없지만, 간접적인 측정을 통해 그 모습을 알 수 있다.

외핵
고체인 내핵을 둘러싼 액체성의 외부 핵이다. 용해 상태인 철과 니켈 성분으로 되어 있는데, 내핵보다 약간 낮은 약 5,500℃의 온도와 높은 압력을 유지하고 있다. 지구의 자기장은 이곳의 뜨거운 액체가 대류해서 생긴다.

내핵
외핵과 같은 원소로 이루어진 지구의 중심부 내핵의 온도는 약 6,000℃이다. 금속 원소들이 액체가 되는 온도이지만, 굉장한 압력에 의해 내핵은 고체 상태이다.

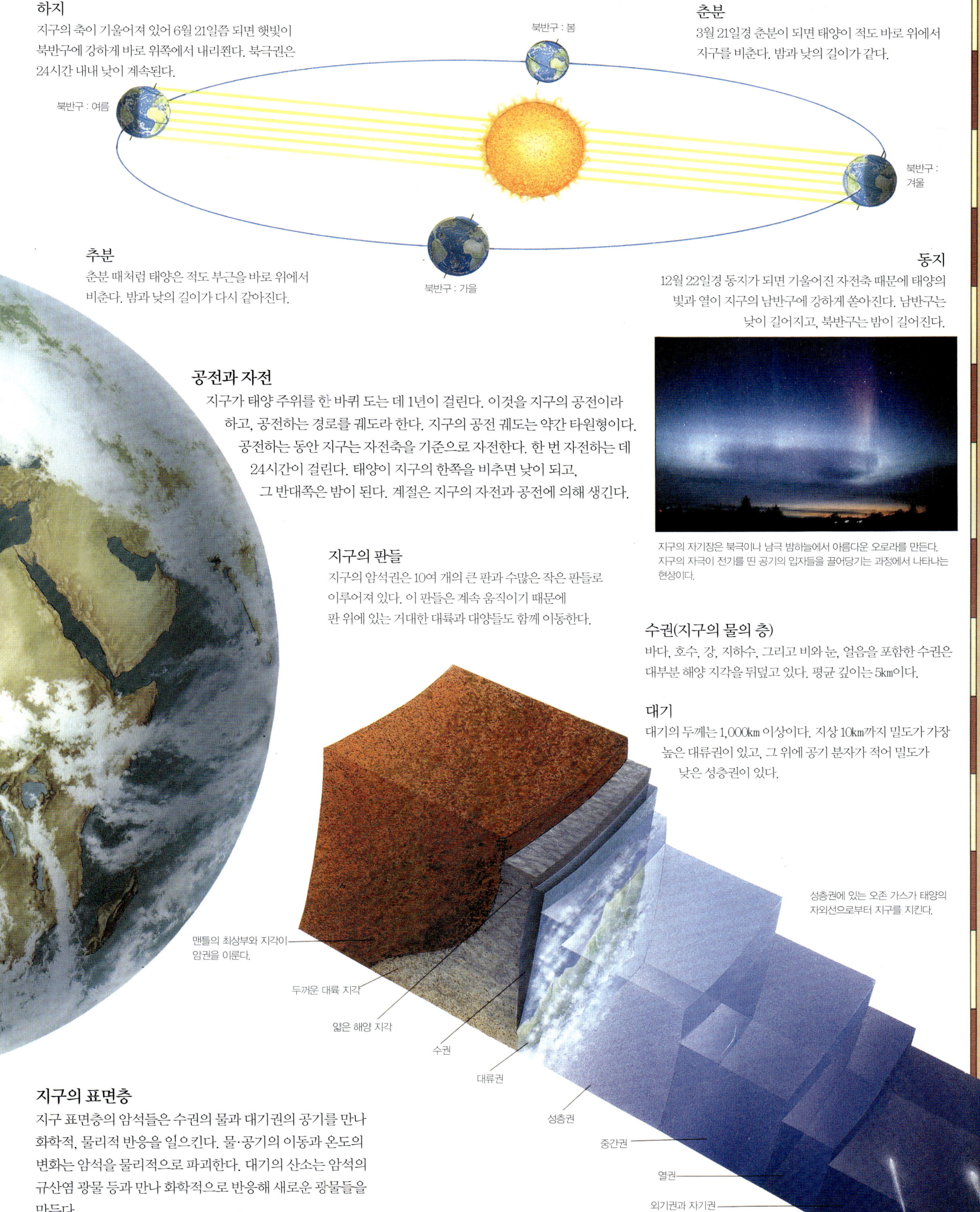

하지
지구의 축이 기울어져 있어 6월 21일쯤 되면 햇빛이 북반구에 강하게 바로 위쪽에서 내리쬔다. 북극권은 24시간 내내 낮이 계속된다.

춘분
3월 21일경 춘분이 되면 태양이 적도 바로 위에서 지구를 비춘다. 밤과 낮의 길이가 같다.

추분
춘분 때처럼 태양은 적도 부근을 바로 위에서 비춘다. 밤과 낮의 길이가 다시 같아진다.

동지
12월 22일경 동지가 되면 기울어진 자전축 때문에 태양의 빛과 열이 지구의 남반구에 강하게 쏟아진다. 남반구는 낮이 길어지고, 북반구는 밤이 길어진다.

공전과 자전
지구가 태양 주위를 한 바퀴 도는 데 1년이 걸린다. 이것을 지구의 공전이라 하고, 공전하는 경로를 궤도라 한다. 지구의 공전 궤도는 약간 타원형이다. 공전하는 동안 지구는 자전축을 기준으로 자전한다. 한 번 자전하는 데 24시간이 걸린다. 태양이 지구의 한쪽을 비추면 낮이 되고, 그 반대쪽은 밤이 된다. 계절은 지구의 자전과 공전에 의해 생긴다.

지구의 자기장은 북극이나 남극 밤하늘에서 아름다운 오로라를 만든다. 지구의 자극이 전기를 띤 공기의 입자들을 끌어당기는 과정에서 나타나는 현상이다.

지구의 판들
지구의 암석권은 10여 개의 큰 판과 수많은 작은 판들로 이루어져 있다. 이 판들은 계속 움직이기 때문에 판 위에 있는 거대한 대륙과 대양들도 함께 이동한다.

수권(지구의 물의 층)
바다, 호수, 강, 지하수, 그리고 비와 눈, 얼음을 포함한 수권은 대부분 해양 지각을 뒤덮고 있다. 평균 깊이는 5km이다.

대기
대기의 두께는 1,000km 이상이다. 지상 10km까지 밀도가 가장 높은 대류권이 있고, 그 위에 공기 분자가 적어 밀도가 낮은 성층권이 있다.

성층권에 있는 오존 가스가 태양의 자외선으로부터 지구를 지킨다.

지구의 표면층
지구 표면층의 암석들은 수권의 물과 대기권의 공기를 만나 화학적, 물리적 반응을 일으킨다. 물·공기의 이동과 온도의 변화는 암석을 물리적으로 파괴한다. 대기의 산소는 암석의 규산염 광물 등과 만나 화학적으로 반응해 새로운 광물들을 만든다.

운석과의 충돌
Bombardment from Space

지구 역사의 초기 수십 억 년 동안에 일어난 역동적인 변화들이 현재의 지구 모습을 만들었다. 당시 지구는 먼지 구름 형태에서 점점 식어 가면서 지각을 갖게 되었고, 가스층에 둘러싸이게 되었다. 초기의 암석들은 거대한 운석과의 충돌로 표면이 부서지기도 했지만, 충돌을 받는 동안 지각이 충돌을 이겨 낼 만큼 두꺼워지기 시작했다. 그리고 지구 표면의 온도가 내려가면서 낮은 곳에 빗물이 괴어 최초의 바다가 이루어졌다.

화학 물질로 이루어진 연무
수증기와 유독한 화학 가스가 엉긴 연무가 식어가는 용암에서 솟아 나왔다. 가스들은 대부분 지구의 중력에 의해 지구 표면 근처에 머물렀지만, 보다 가벼운 가스들은 지구에서 멀리 달아났다.

뜨거운 지구 내부와 식어 가는 지각

식어 가는 지각
얇은 지각이 점점 두꺼워졌고, 차가운 지각이 맨틀 속으로 들어가 다시 녹기도 했다. 지각이 식어 굳어지는 동안 진한 연무가 끓어 나와 초기의 대기 구성 성분을 이루었다.

운석들과의 충돌
얇아서 깨지기 쉬운 표면이 지구를 가까스로 덮고 있어서 아직 운석들과의 충돌을 견딜 수 없었다.

얇은 지각에 생긴 구덩이
운석이 지구 표면에 떨어지면서 뜨거운 액체 상태의 암석들이 구덩이 주위로 흩어져 날아갔다. 운석은 뜨거운 지구의 내부로 들어갔고, 용암이 구덩이에서 분출되어 구덩이 주위에 두꺼운 층을 만들었다.

지구와 충돌하는 커다란 운석

충돌에 의해 생긴 크레이터(분화구 모양의 지형)에서 용암이 흘러나온다.

운석
운석은 지구와 비슷한 행성이 폭발할 때 생긴 것이다. 어떤 운석들은 철이 많이 포함되어 있다. 폭발한 행성의 핵에서 떨어져 나왔기 때문일 것이다.

크레이터
운석이 지구 표면과 충돌하여 크레이터를 만든다. 충격이 무척 커서 운석이 산산이 부서지거나 증발해 버리기도 한다. 미국 애리조나 주에 있는 크레이터(오른쪽)는 지름이 1,200m, 깊이가 170m나 된다.

용암이 솟는 샘
거대한 화산의 내부에 있던 용암이 분출되면 뜨거운 용암에서 가스가 나온다.

화산 폭발로 생긴 먼지들이 마찰에 의해 전기를 띠어 종종 번개를 일으킨다.

최초의 비
식은 지각에서 나온 수증기가 엉겨 구름이 된다. 구름이 커지고 식으면 비가 내린다.

지면이 아직 너무 뜨거워서 빗물이 바로 수증기가 된다.

불을 뿜는 행성
약 45억 년 전, 지구는 뜨거운 불을 뿜는 행성이었다. 부분적으로 얇은 암석층에 덮여 있었지만, 표면이 계속 갈라지거나 다시 녹았다. 딱딱한 지각이 뜨거운 내부로 들어가 녹기도 하고, 새로운 지각이 다시 만들어지기도 하면서 점점 식어 갔다. 그리고 계속된 운석과의 충돌로 암석 파편들이 얇은 지구 표면에 떨어졌다.

용암층
화산에서 분출된 용암이 흘러 지면을 덮는다. 화산 폭발이 계속되어 또 용암을 분출하면, 먼저 분출되어 식은 용암 위에 새로운 층을 이룬다. 그러면 화산이 높아지고 지각이 두꺼워진다.

부글거리는 지면
지면에 최초로 떨어진 빗물은 부글부글 끓었다. 그러나 비가 점점 많이 내리자 지면이 식어가면서 빗물이 모일 정도의 웅덩이가 생겼다.

뜨거운 암석 표면에 닿으면 물이 끓는다.

단단해진 지각과 최초의 대기
지구 표면이 점점 두꺼워져 단단한 지각이 형성될 때쯤 식어 가는 용암에서는 많은 가스가 뿜어져 나와 최초의 대기를 이루었다. 이 대기는 악취가 심한 혼합 기체였다. 수증기, 이산화탄소, 질소가 포함되었지만, 산소는 없었다. 수소와 헬륨은 지구 중력으로부터 벗어나 우주 속으로 달아나 버렸고, 염화수소 같은 기체는 화학 반응에 의해 암석을 풍화시켰다.

굳어져 가는 용암층 위의 웅덩이에 뜨거운 물이 괴어 수증기를 만든다.

최초의 바다
화산에서 가스들이 뿜어져 나와 화학 물질로 이루어진 짙은 대기에 섞였다. 계속된 폭발로 화산들이 높아지면서 낮은 화산에서보다 대기 중의 수분이 식어 엉기기 쉬워졌다. 작은 물방울들이 엉겨 구름이 만들어지고 비가 내렸다. 초기에는 지구 표면이 너무 뜨거워 빗물이 땅에 떨어지자마자 증발되었지만, 지구 표면의 일부가 식으면서 빗물이 낮은 곳에 모이기 시작했다. 이것이 최초의 바다이다.

이 밧줄 모양의 용암이 오늘날 '파호이호이'(표면이 매끄러운 물결 모양의 용암)라는 형태로 발견된다.

부글부글 끓는 웅덩이
유황이 든 물이 끓는 웅덩이 바닥에 있는 약간의 진흙은 암석이 최초로 풍화한 물질이다.

수증기가 하늘로 올라가 엉겨서 다시 구름이 만들어진다.

암석의 화학 반응
암석은 원시 대기 성분과 화학적으로 반응을 일으켜 풍화된다. 특히 황화가스와 염화수소가 암석에 들어 있는 광물과 반응하여 생긴 점토 광물은 지구에서 최초의 진흙을 만들었다.

식어 가는 용암
용암의 표면이 식으면서 굳기 시작하면 표면 아래의 아직 굳지 않은 용암이 움직이면서 밧줄 모양으로 꼬이고 늘어나 파호이호이가 만들어진다.

지구 역사의 시작
Dawn of Earth History

지구가 생긴 뒤 25억 년 동안 지각이 만들어져 빗물을 모을 수 있는 웅덩이가 생겼다. 그리고 이때 화강암질 암석으로 이루어진 대륙들이 나타났고, 지각이 점점 두꺼워지면서 산맥도 생겼다. 바다의 지각은 대륙의 화강암질 지각과는 완전히 다른 암석으로 이루어졌다. 이 바다에서 작은 해초들이 대기로 산소를 뿜어냈다. 초기에 만들어진 산소는 대부분 화학 반응에 의해 없어졌지만, 시간이 흐르면서 원시 생물들이 사용하기 시작했다. 그 후 지금으로부터 6억 년 전쯤, 골격을 가진 생명체가 폭발적으로 늘어나기 시작했다.

뜨거운 용암
코마티아이트의 분출 온도는 약 1,700℃였다. 지금 용암 온도의 두 배나 된다.

용암이 흐르는 속도
화산 폭발로 분출된 용암이 흐르는 속도는 시속 50km쯤 된다. 끈기가 적어 유동성이 큰 코마티아이트는 훨씬 빨리 흘렀다.

시생대의 지구
시생대(약 46억 년 전부터 25억 년 전까지 생명이 최초로 태어난 시기)에 속하는 약 35억 년 전, 대륙이 이루어지기 시작했다. 화산들은 침식을 받아 오래 전에 사라졌지만, 화산 아래에 있던 화강암은 남아 최초의 대륙을 이루었다. 그리고 지금의 용암과는 다른 코마티아이트라는 용암이 최초의 해양 지각을 이루었다. 이 용암은 흐름이 매우 빠르고 뜨거워서 지나가는 곳의 암석들을 녹였다.

코마티아이트의 결정
초기의 용암인 코마티아이트는 현재의 용암보다 훨씬 뜨거웠다. 식으면서 커다란 결정체가 되었다.

식은 용암
용암은 식어서 거친 암석 껍질을 이루었다.

암석에 남은 흔적
최초로 만들어진 해양 지각의 유일한 흔적은 코마티아이트가 포함된 작은 암석 조각들이다. 25억 년쯤 전에 코마티아이트는 활동을 멈추었다. 지금의 해양 지각은 이와는 다른 현무암으로 이루어졌다.

느려지는 흐름
용암은 흐르는 동안 식으면서 끈기가 많아져 속도가 점점 떨어진다.

용암이 흐르는 강
분출된 코마티아이트는 흐르면서 다른 암석들을 녹였다. 강바닥을 깊게 파며 흐르는 강물 같았다.

암석의 도랑
아래쪽의 암석을 녹이며 흐르는 코마티아이트는 일주일에 20m 깊이의 도랑을 팔 수 있다.

껍질처럼 식어 굳은 검은 용암
전에 굳은 용암층
암석 도랑을 빠르게 흐르는 용암

먼 곳까지 흐르는 용암
용암은 침식된 통로를 따라 먼 곳까지 흐를 수 있다.

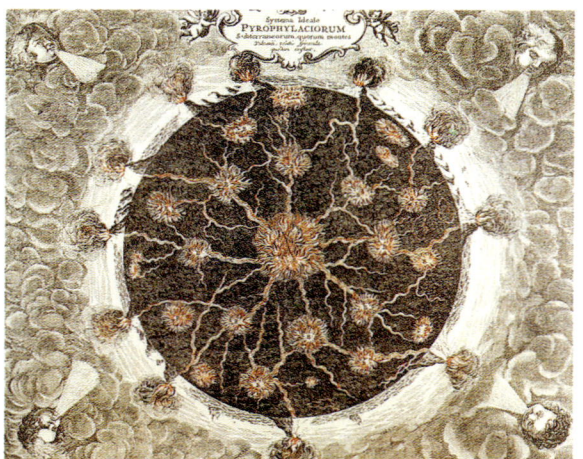

17세기 독일의 수도사 아타나시우스 키르허가 조각한 판화. 지구 내부가 녹아 있고, 불이 끊임없이 화산에 보내지고 있다. 키르허는 지구의 초기 모습을 처음으로 묘사했다.

화산대 *Lines of Fire*

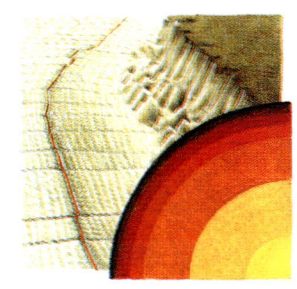

화산은 대부분 지구 내부의 뜨거운 물질이 지구 표면의 거대한 틈으로 솟구치는 화산대에 있다. 지진도 이곳에서 많이 생긴다. 아래 그림처럼 태평양 연안에서 화산과 지진이 특히 많이 발생한다. 이 지역을 '환태평양 화산대' 라고 하는데, 이곳의 지형은 대부분 화산 활동의 결과로 이루어졌다.

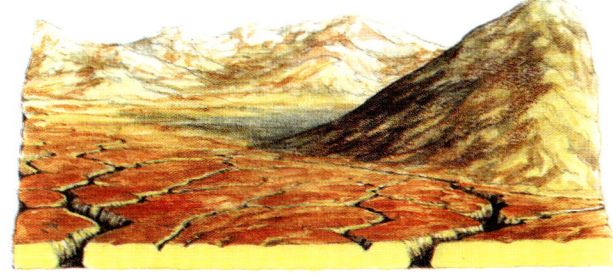

텐 사우전드 스모크 계곡

1912년, 엄청난 화산재가 미국 알래스카 주에 있는 계곡을 덮었다. 화산재에 덮인 계곡에서는 화산 연기가 이곳저곳에서 솟아오르고 있었다. 화산재의 두께는 50m나 되었다.

일러 두기

아래 지도는 지각을 이룬 판들의 경계에서 일어나는 세 가지 움직임을 보여준다. 새로운 지각이 생기는 경계는 붉은색, 가장자리의 지각이 없어지는 경계는 갈색, 그리고 변함이 없는 경계는 자주색이다.

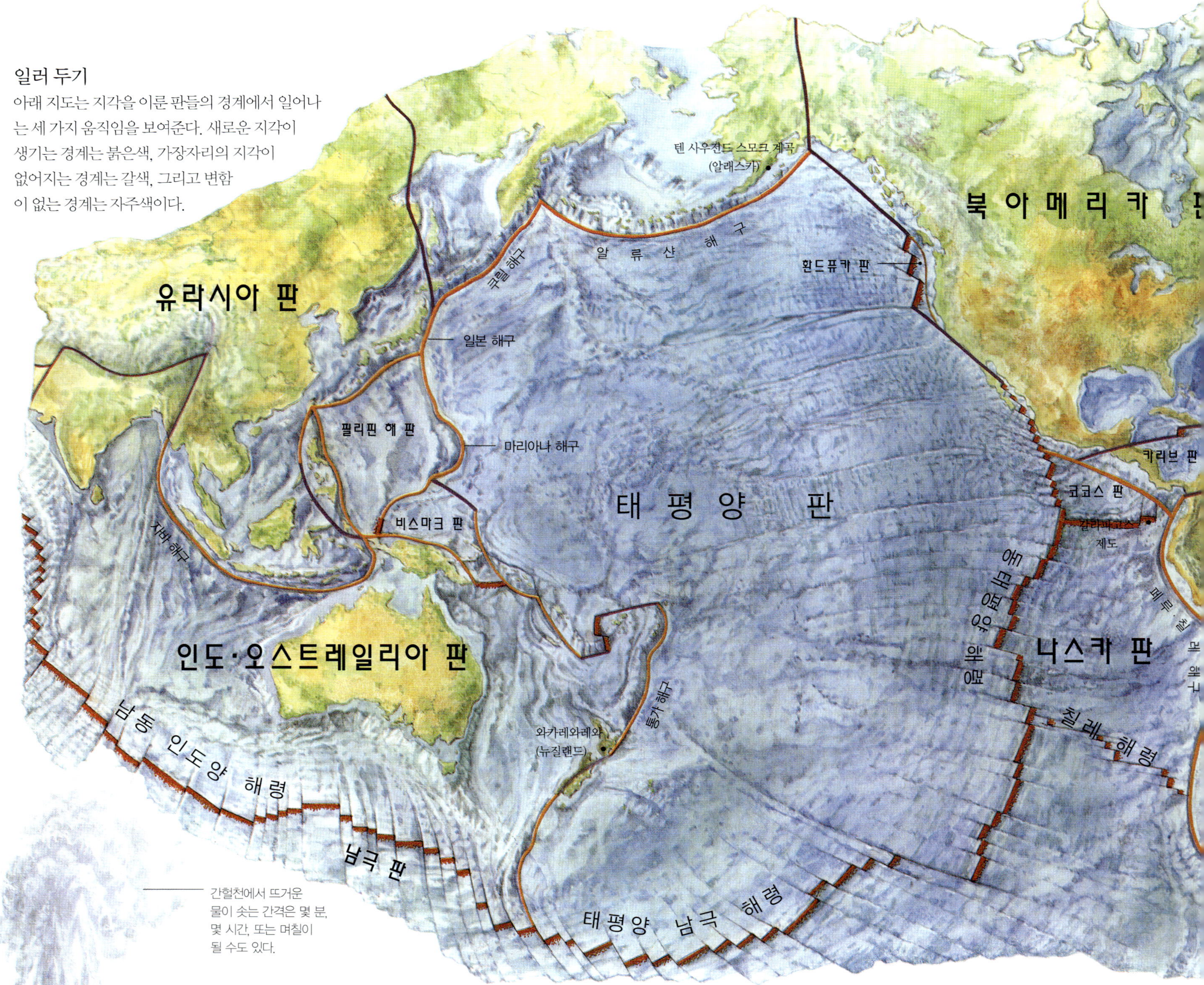

텐 사우전드 스모크 계곡
(알래스카)
북 아 메 리 카 판
알 류 산 해 구
쿠릴 해구
환드퓨카 판
유라시아 판
일본 해구
필리핀 해 판
마리아나 해구
카리브 판
코코스 판
태 평 양 판
비스마크 판
갈라파고스 제도
자바 해구
동태평양 해령
페루 칠레 해구
나스카 판
인도·오스트레일리아 판
통가 해구
와카레와레와
(뉴질랜드)
칠레 해령
남동 인도양 해령
남극 판
태 평 양 남 극 해 령

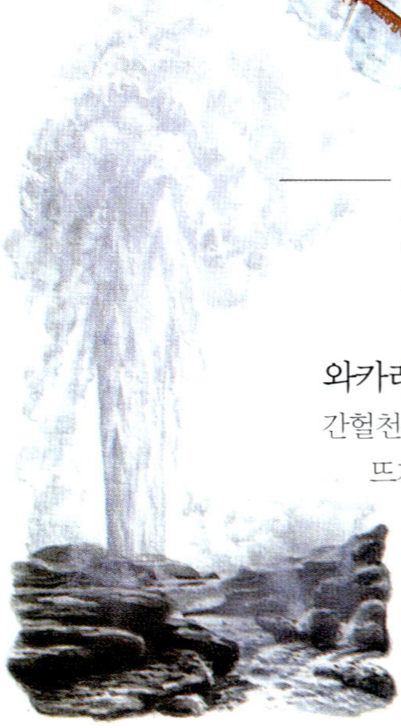

간헐천에서 뜨거운 물이 솟는 간격은 몇 분, 몇 시간, 또는 며칠이 될 수도 있다.

와카레와레와

간헐천은 일정한 시간 간격을 두고 뜨거운 물이 솟는 온천이다. 뉴질랜드의 와카레와레와에는 간헐천과 함께 부글부글 거품을 내는 진흙 웅덩이(오른쪽)가 있다.

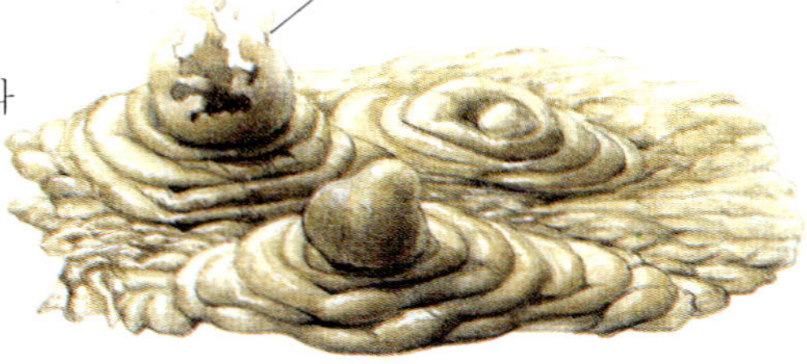

화산 가스가 부드러운 진흙을 뚫고 뿜어져 나온다.

갈라파고스 섬의 칼데라

갈라파고스 섬 산꼭대기에 거대한 칼데라가 있다. 칼데라는 화산 활동에 의해 땅이 둥그렇게 움푹 들어간 곳이다. 백두산의 천지는 우리나라 유일의 칼데라 호이다.

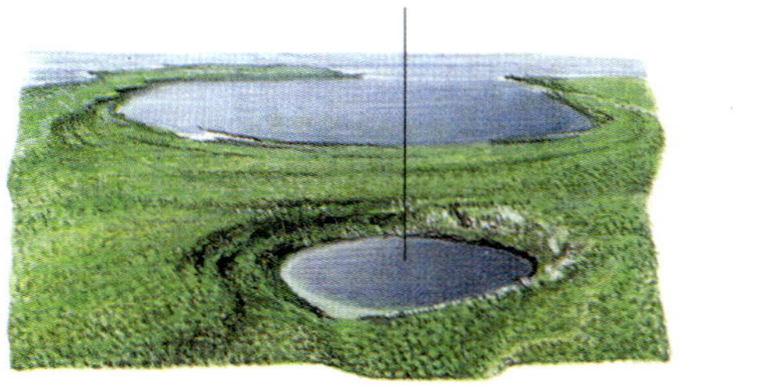

칼데라 호는 화산이 많은 용암을 뿜어 낸 분화구에 물이 괴어 이루어진 호수이다.

 *초5 화산과 암석·초6 지진·중2 지구의 역사와 지각 변동·고1 지구의 변동·고등 지구과학Ⅰ 살아있는 지구·고등 지구과학Ⅱ 지각의 물질과 지각 변동

바다에서 태어난 쉬르트세이(서츠이) 섬

1963년, 아이슬란드 남부 앞바다에서 해저 화산이 솟아 불을 뿜기 시작했다. 처음에 분출된 화산재 층 위에 용암이 계속 쌓이면서 점점 커졌다. 고대 아이슬란드의 '불의 신'의 이름을 딴 이 섬은 지금 다양한 식물과 곤충, 새들의 보금자리가 되었다.

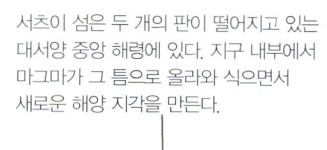

서츠이 섬은 두 개의 판이 떨어지고 있는 대서양 중앙 해령에 있다. 지구 내부에서 마그마가 그 틈으로 올라와 식으면서 새로운 해양 지각을 만든다.

화산 폭발과 지진의 수

해마다 약 30개의 화산이 생긴다. 수십 년간 계속해서 폭발하는 화산도 있고, 한 번의 폭발로 끝나는 화산도 있다. 어떤 화산은 수천 년 동안 활발히 활동한다. 지진은 해마다 수천 번 일어나지만, 대부분 너무 작아서 느끼지 못한다. 흔들림을 느낄 정도의 지진은 1년에 10여 번, 막대한 피해를 주는 지진은 서너 번 정도 일어난다. 우리나라에도 작은 규모의 지진이 1년에 10회 이상 기록된다.

핑갈의 동굴

서스코틀랜드 앞바다에 있는 스태퍼 섬은 기둥 모양의 현무암으로 만들어졌다. 이 현무암의 규칙적으로 갈라진 틈(주상 절리)은 6천만 년 전 용암이 천천히 식을 때 생겼다.

프랑스의 르퓌

남프랑스에 있는 이 교회는 높이 76m의 화성암 꼭대기에 세워졌다. 이 바위는 200만 년 전에 화산 내부에서 굳어졌는데, 바위를 둘러싸고 있던 화산재 성분의 부드러운 부분이 풍화되어 없어지자 모습을 드러냈다.

터키의 어굽콘

중앙 터키에 있는 이러한 돌기둥들은 오래 전에 분출한 화산재가 침식되어 생겼다. 알래스카에서 화산 가스가 화산재를 용접시켰는데, 그것들이 기둥으로 남아 있다.

카룸의 소금 기둥

에티오피아에서는 화산암의 염분이 빗물에 녹아 호수로 들어갔다. 호숫물에는 염분이 많아 높이가 3m나 되는 소금 기둥이 하룻밤 사이에 만들어지기도 한다.

시간의 흔적

오래 되어 풍화된 화산의 흔적이 있으면 수백만 년 또는 수천만 년 전에 그곳에 화산이 있었다는 뜻이다. 그런데 그곳이 지금의 화산대에 있지 않은 경우도 있다. 판이 이동하여 화산대의 위치가 변했기 때문이다. 이것은 지구의 내부가 활발히 움직인다는 증거이다.

레위니옹 섬

아프리카 남서쪽의 레위니옹 섬은 세계에서 가장 큰 화산 중 하나이다. 해저에서 해수면 위 꼭대기 분화구까지의 높이가 3,069m나 된다.

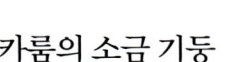

움직이는 지각 *The Moving Crust*

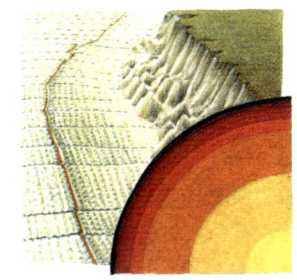

지구 표면은 천천히 움직이고 있다. 각 대륙은 서로 가까워지기도 하고 멀어지기도 하면서 해마다 1cm쯤 움직인다. 대륙이 움직이는 이유는 지구 내부의 맨틀이 고온 상태에서 대류 운동을 하기 때문이다. 맨틀의 대류 운동은 지각에 작용하여 거대한 판들을 이동시킨다. 판들은 수천만 년 또는 수억 년 동안 이동하다가 섭입대(판이 다른 판 밑으로 들어가는 지대)에서 소멸한다.

1919년, 대륙이 움직인다는 대륙 이동설을 주장한 독일의 과학자 알프레드 베게너.

판의 이동에 관한 논쟁

베게너 자신도 대륙이 어떻게 움직이는지 잘 몰랐다. 대륙이 암질의 해저를 밀어 헤치고 나아간다고만 생각했다. 베게너의 이론은 그 후 각 판(아래 그림의 맨틀에서 떨어져 있는 부분)이 대륙 지각과 해양 지각을 모두 함께 이동시킨다는 것으로 수정되었다.

인도네시아의 섭입하는 판의 경계

얇은 해양판   두꺼운 대륙판

섭입대

소멸하는 판의 경계
오래 된 해양판은 대륙판 아래로 들어가 맨틀 속에서 녹는다. 이러한 판의 경계를 섭입대라고 한다.

판 경계의 세 종류

판과 판이 만나는 경계에는 세 종류가 있다. 첫째, 해양판이 대륙판을 만나면 대륙판 아래로 섭입하면서 지진과 화산 활동이 생긴다. 둘째, 두 판의 단단한 지각이 반대 방향으로 스치면 변환 단층이 발달하고 지진이 발생한다. 셋째, 두 판이 서로 멀어지면 그 사이에 큰 틈이 생겨 맨틀에서 뜨거운 마그마가 솟아 새로운 해양 지각을 만든다.

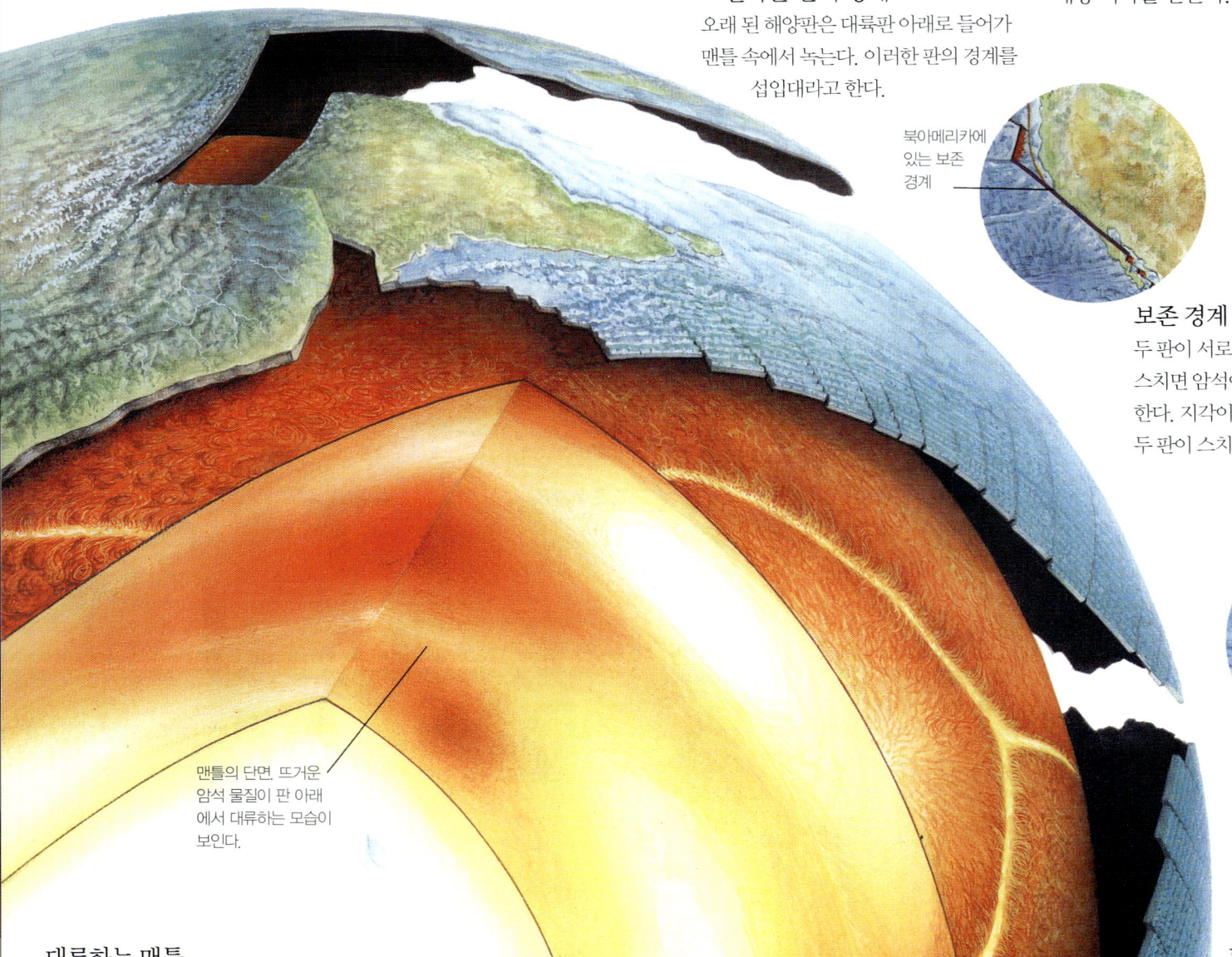

북아메리카에 있는 보존 경계

변환 단층

판이 다른 판과 반대 방향으로 미끄러진다.

보존 경계
두 판이 서로 반대쪽으로 미끄러지면서 스치면 암석이 깨지고 부서지면서 지진이 발생한다. 지각이 새로 생기거나 소멸하지 않는다. 두 판이 스치는 경계선이 변환 단층이다.

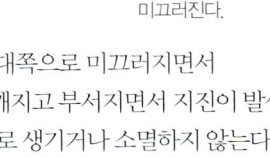

새로운 해양 지각이 생겨 확장되는 판의 경계(대서양)

맨틀에서 마그마가 솟아오른다.

맨틀의 단면. 뜨거운 암석 물질이 판 아래에서 대류하는 모습이 보인다.

대류하는 맨틀
맨틀은 고체이지만, 수백만 년~수천만 년 동안 두껍고 끈끈한 플라스틱처럼 대류한다. 맨틀의 어느 곳은 주위보다 온도가 낮아 조금 더 단단하다. 새로운 지각이 생기는 판의 경계와 화산 아래의 맨틀은 훨씬 뜨겁고 액체성을 띠어 마그마로 솟아오른다.

확장되는 판의 경계
판과 판이 멀어지는 곳에서의 열곡(깊은 골짜기)을 마그마가 올라와 메우면서 새로운 해양 지각이 생긴다. 이러한 판의 경계를 해령(바다 속의 큰 산맥)이라고 한다.

이동하는 대륙

하나의 대륙이 다른 대륙을 향해 이동하면 세 가지 결과를 낳는다. 첫째, 오래 된 해양 지각은 섭입대에서 사라지고, 동시에 새로운 해양 지각이 판의 반대쪽에서 생긴다. 둘째, 오래 된 해양 지각이 맨틀 속으로 완전히 사라지면 두 개의 대륙판이 서로 충돌한다. 셋째, 대륙 지각은 맨틀 속으로 들어가기에는 너무 가벼워서 맞닿은 대륙과 합쳐져 큰 대륙을 이룬다.

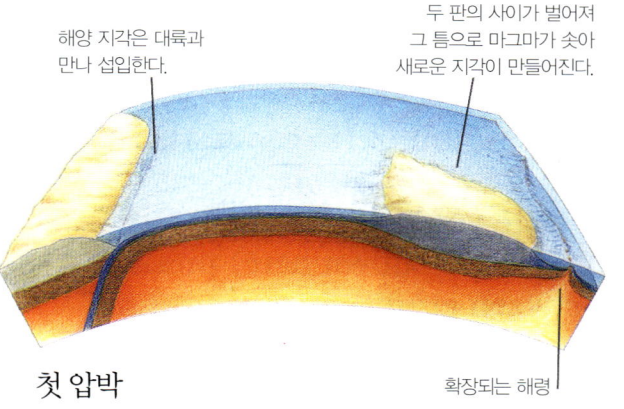

해양 지각은 대륙과 만나 섭입한다.

두 판의 사이가 벌어져 그 틈으로 마그마가 솟아 새로운 지각이 만들어진다.

확장되는 해령

첫 압박
해령이 확장되면 판 위에 있는 대륙을 다른 대륙 쪽으로 민다. 두 대륙 사이의 해양판은 갈 곳이 없어 해령 반대쪽 대륙과의 경계에서 섭입하기 시작한다.

해령은 대부분 해면 아래에 있지만, 아이슬란드(위 사진)는 마그마가 지면으로 빠르게 분출하여 해양 지각으로 이루어진 거대한 지형이 되었다.

마그마가 판과 판 사이의 틈으로 올라와 판의 경계에 새로운 해양 지각을 만들면서 해양저의 확장이 이루어진다.

섭입대

계속된 압박
새로운 해양저(수심 4,000~6,000m의 해저 지형)가 계속 커지는 동안 오래 된 해양저는 점점 작아진다. 오래 된 해양 지각 일부는 섭입대에서 녹아 마그마가 되고, 이 마그마가 상승하여 지구 표면에 화산을 만들거나 산맥을 성장시킨다.

대륙이 이동한다는 것은 새로운 해양저가 끊임없이 생긴다는 뜻이다. 지금 지구에는 2억 년 이상 된 해양 지각은 없다.

거대한 판탈라사 (그리스어로 '모든 바다' 라는 뜻)

2억 년 전

유라시아

테티스 해

판게아 대륙(그리스어로 '모든 땅' 이라는 뜻)

2억 년 전
초대륙인 판게아와 유럽·아시아(유라시아) 판 사이에 하나의 바다가 있었다. 대서양은 없었고, 인도는 남극 대륙과 붙어 있었다.

대륙의 충돌
대륙들이 서로 가까워지면 그 사이에 있는 지층이 습곡(횡압력에 의해 지층이 물결 모양으로 주름지는 현상)되어 산맥이 생긴다. 마침내 대륙 사이에 더 이상 섭입될 해양 지각이 없게 되면 대륙끼리 충돌해 합쳐져서 보다 큰 대륙을 이룬다.

1억 년 전

축소한 판탈라사 해

로라시아 대륙

남아메리카 대륙

아프리카 대륙

테티스 해

1억 년 전
아프리카 대륙과 남아메리카 대륙은 남극 대륙에서 떨어져 나올 때 이미 분리되기 시작했다. 남북 아메리카 대륙, 유럽(로라시아) 대륙, 아프리카 대륙 사이에 있는 해령의 확장에 의해 새로운 해양저가 생겼다. 지중해가 탄생한 것이다.

대서양

현재
지금 남극 대륙은 새로운 해양저에 둘러싸여 있다. 주위에 있는 해령이 확장된 결과이다. 인도 대륙과 아시아 대륙이 부딪치면서 테티스 해는 대부분 사라져 버렸다.

아이슬란드는 해양 지각으로 이루어졌다.

먼 옛날의 지구

지금의 새로운 해양 지각이 없었다고 생각하고, 대륙들의 위치를 되돌려 놓으면 2억 년 전에 판게아라는 하나의 거대한 대륙이 있었다는 것을 알 수 있다. 이 초대륙은 그 전의 대륙들이 서로 부딪치고 합쳐져서 생겼다. 판게아가 생기기 훨씬 전에도 초대륙이 있었다. 그리고 이 초대륙도 대륙 분열 이후 쪼개져 있던 대륙들이 모여 만들어졌다.

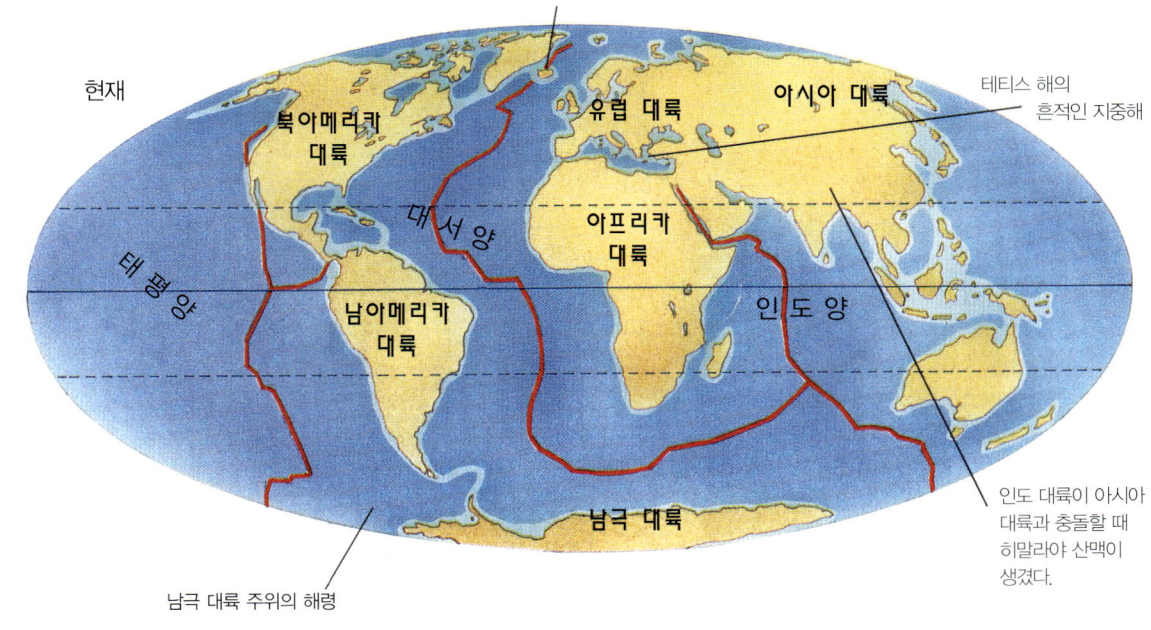

현재

북아메리카 대륙

유럽 대륙

아시아 대륙

테티스 해의 흔적인 지중해

태평양

대서양

아프리카 대륙

남아메리카 대륙

인도양

남극 대륙

남극 대륙 주위의 해령

인도 대륙이 아시아 대륙과 충돌할 때 히말라야 산맥이 생겼다.

폭발하는 화산 Explosive Volcanoes

1980년 초, 미국 워싱턴 주 세인트헬렌스 화산이 내부 압력에 의해 점점 크게 부풀어 오르더니 5월 18일, 화산 전체가 폭발했다. 세인트헬렌스 같은 폭발성 화산(아래 그림)은 두껍고 끈끈한 용암을 분출시킨다. 분출과 분출 사이에는 화산 속에 있는 마그마에서 가스가 만들어진다. 이 가스의 압력이 마침내 위쪽에 있는 암석들을 날려 버려 가스를 내포한 용암이 분출, 폭발하여 파편들이 산산이 흩어진다. 폭발하는 힘과 계속 분출되는 가스의 힘에 의해 초토화된 용암이 자욱하게 소용돌이치며 퍼지고, 화산재가 화산의 가파른 경사를 타고 흘러내리면서 모든 것을 삼켜 버린다.

화산재 구름
화산 폭발로 생긴 화산재의 짙은 구름이 30km 이상 하늘로 솟아올라 바람을 타고 멀리 날아간다. 세인트헬렌스 화산의 화산재는 두 시간 만에 240km 이상 퍼졌다.

뜨거운 화산재
화산재 구름의 내부 온도는 315℃나 된다.

폭발력
폭발력은 산허리를 날려 보낼 정도이다.

진흙물의 흐름
화산이 폭발하면 화산의 경사면에 있는 빙하가 열 때문에 갑자기 녹아 파괴적인 진흙물을 만들어 먼 계곡까지 흘러 퍼진다.

불의 산
오른쪽 그림은 세인트헬렌스 화산의 폭발 중심부를 두 부분으로 나누었다. 1980년의 폭발이 있기 전까지 마지막 폭발은 1800년대에 있었다. 원주민들은 이 화산을 '불의 산'이라고 불렀다.

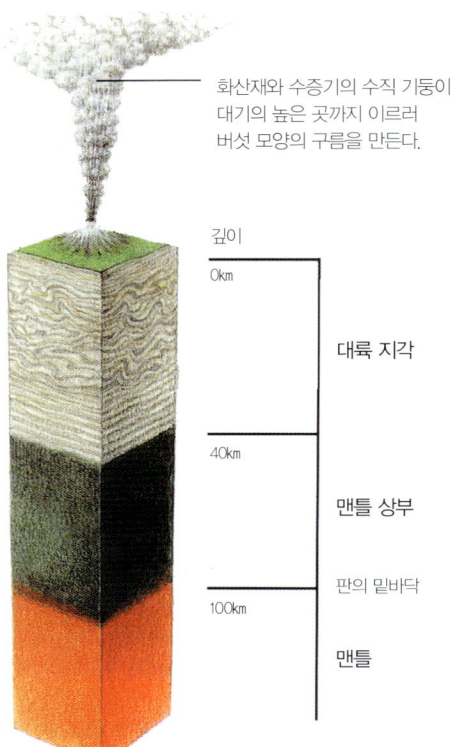

연무 분출
화산재와 수증기의 수직 기둥이 대기의 높은 곳까지 이르러 버섯 모양의 구름을 만든다.

깊이
0km — 대륙 지각
40km — 맨틀 상부
100km — 판의 밑바닥 / 맨틀

마그마
마그마는 지하 약 100km 근처에서 생겨 붉고 뜨거운 덩어리 형태로 단단한 암석 틈으로 올라가 지하의 웅덩이에 모인다. 그곳에서 수십 년~수백 년 동안 천천히 식어 굳어지는데, 마그마에 있던 가스는 기포가 되어 웅덩이 맨 위까지 올라간다. 화산이 폭발하여 압력이 갑자기 줄어들면 굳은 암석은 가스의 압력에 의해 날아가고, 마그마가 분출하여 유리질 용암으로 식거나 화산재로 지구 표면에 떨어진다.

화산 내부를 보여주기 위해 화산 옆면의 일부를 잘라 냈다.

화산 속 깊은 곳
마그마는 화산 속 깊은 곳에 있는 웅덩이에서 천천히 굳어진다. 더 깊은 곳에서 올라온 새로운 마그마가 폭발의 방아쇠를 당기려 한다.

땅 속의 기포
마그마가 상승하면 마그마 속에 갇혀 있는 가스가 빠져 나와 큰 기포가 된다. 이 기포들은 팽창하여 암석 속에서 탈출할 길을 찾는다.

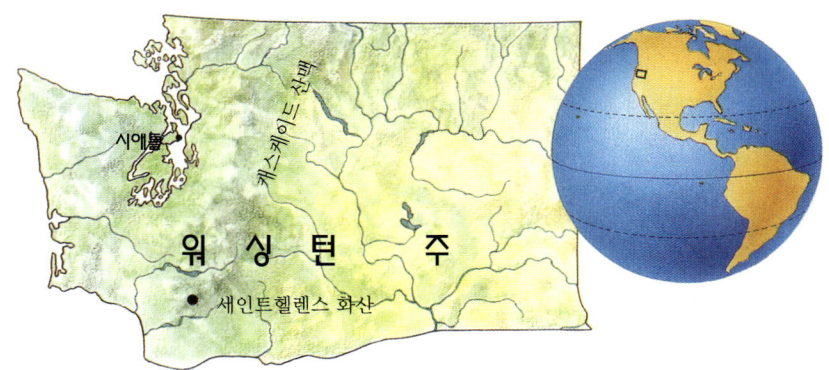

캐스케이드 산맥
세인트헬렌스 화산은 북아메리카 북서 해안 쪽에 있는 캐스케이드 산맥에 있다.

하늘에서 본 화산
오른쪽은 미국 알래스카 주에 있는 오거스틴 화산에서 화산재가 분출되는 모습이다. 화산재 구름은 하늘 높이 치솟아 비가 되어 땅과 바다를 덮는다. 화산재의 먼지는 지구의 오른쪽 방향으로 퍼져 기상에 영향을 주기도 하고, 지구 반대쪽에서 장엄한 일출 장면과 일몰 장면을 연출하기도 한다.

오거스틴 화산이 불을 내뿜는 모습. 화산재 구름의 높이가 11km에 이르렀다.

눈사태
작은 지진이 화산을 흔들자 북쪽 경사면 전체가 가볍게 흔들리면서 거대한 눈사태가 경사면으로 미끄러져 내렸다.

뜨겁게 타는 빨간 암석

용암 폭탄
뜨거운 암석과 용암 덩어리가 폭발된 연무에서 퍼져 화산재 구름보다 훨씬 빨리 날아간다. 대부분 작지만, 많이 모이면 굉장한 흐름을 만들어 모든 살아 있는 것들을 태워 버린다. 이 파편들의 흐름과 연무는 번개를 일으키고 폭우를 만든다.

열풍
폭발의 뜨거운 열은 주위의 숲을 태워 버린다. 근처 개천의 물이 너무 뜨거워져서 물고기들이 빠져 나가려고 뛰어 올랐다.

여파
1980년의 폭발 이후 세인트헬렌스 화산은 고체에 가까운 두꺼운 용암을 분화구에서 천천히 내뿜었다. 끈끈한 용암은 수많은 길을 따라 넓게 이동했다. 분화구 속에서 커다란 돔 모양을 이루고 있던 용암은 때때로 돔의 한쪽에서 부서져 내렸다. 이 화산이 원래의 크기만큼 성장하려면 수만 년이 걸릴 것이다.

공중으로 날아가는 암석에서 작은 파편들이 떨어져 나간다.

스피릿 호
선사 시대에 용암 분출로 만들어진 스피릿 호는 거대한 용암 분출 이후 회색의 화산재에 뒤덮여 버렸다.

세인트헬렌스 화산은 지난 5,000년간의 화산 활동에 의해 생긴 부석(용암이 식어서 된, 작은 구멍이 많은 가벼운 돌)과 용암층 위에 이루어졌다.

화산재 구름보다 뜨거운 폭풍이 먼저 나무들을 강타했다.

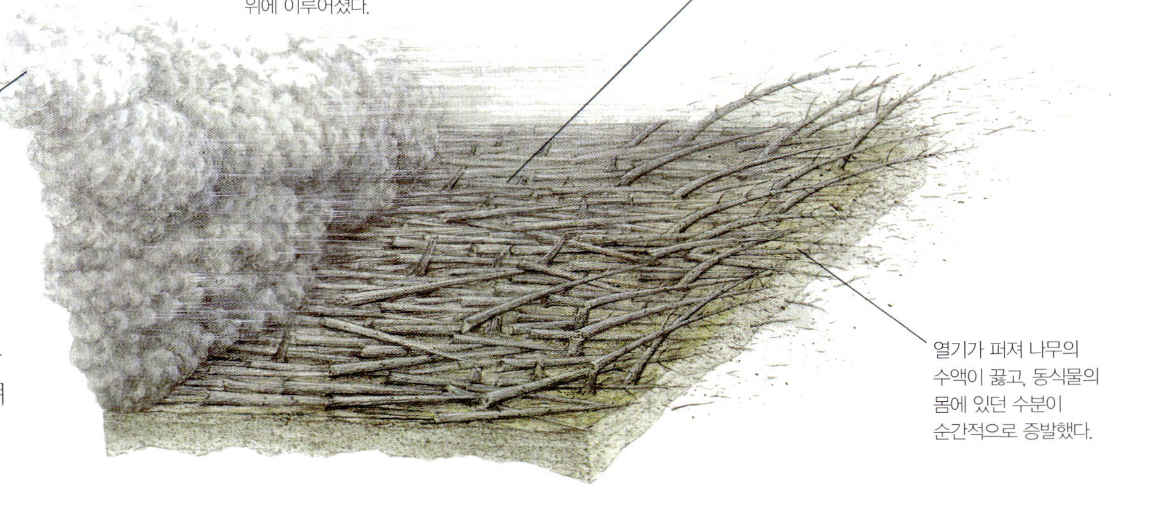

화산 내부를 보여주기 위해 산의 일부를 잘라 냈다.

불타는 듯 뜨거운 화산재의 구름

말라 죽은 나무들
세인트헬렌스 화산 폭발에 의한 초기의 폭풍이 화산 경사면에 있는 나무들을 모두 쓰러뜨렸다. 심지어는 식물의 뿌리와 흙의 흔적조차 남겨 놓지 않았다. 수백 그루의 나무가 부러져 널브러졌고, 나뭇가지들은 성냥개비처럼 산산조각이 났다.

열기가 퍼져 나무의 수액이 끓고, 동식물의 몸에 있던 수분이 순간적으로 증발했다.

용암 분출 Lava Eruptions

화산 중에는 강렬한 폭발을 일으키는 화산도 있지만, 맨틀의 깊숙한 곳에서 올라온 마그마를 조용히 천천히 분출하는 화산도 있다. 이렇게 분출된 용암은 식어서 현무암이 되는데, 이러한 화산을 현무암질 암석의 화산이라고 한다. 현무암질 암석의 화산은 용암을 자주 분출하기 때문에 화산 내부의 압력이 높지 않아 큰 폭발을 일으키지 않는다. 대신 많은 용암을 내뿜어 주변 지역으로 흘려보내기 때문에 시간이 지나면 경사가 완만한 거대한 화산이 된다. 아이슬란드와 하와이 제도 등은 이렇게 이루어졌다.

이 화산은 400만 년 동안 불을 뿜지 않았다. 오래 된 섬은 침식에 의해 낮아져 바다 속으로 사라진다.

침식에 의해 섬에서 생긴 흙이나 모래 등이 섬 주변의 바다 속에 퇴적된다.

오래 된 섬들
하와이 제도 섬들의 암석을 채취해 연구한 결과, 북서쪽에 있는 섬들이 하와이 섬보다 더 오래 되었다. 카우아이 섬 암석은 약 5백만 년, 하와이 섬 암석은 백만 년 미만이다. 태평양 판이 고정적인 열점 위에서 거대한 컨베이어 벨트처럼 북서쪽으로 이동했기 때문이다.

불의 섬
태평양 아래 거대한 판 중앙부에 있는 하와이 제도에는 지구상에서 가장 크고 활동적인 두 화산, 마우나로아 산과 킬라우에아 산이 있다. 오른쪽 그림은 붉게 타오르는 마우나로아 화산의 내부이다. 맨틀 깊은 곳 열점(주위보다 온도가 높은 곳)에 있던 현무암질 마그마가 산꼭대기 근처에서 가끔 분출된다. 화산 내부에 균열이 있어 마그마가 옆으로 퍼져 가면 화산의 낮은 경사면에서도 용암이 분출된다.

하와이 제도
태평양 해저에서 솟은 거대한 화산들의 꼭대기인 하와이 제도에는 130개의 섬이 있다. 하와이 섬은 그중 가장 크고 젊은 섬이다.

측면 암석
화산의 측면에서 가끔 암석이 떨어져 나가 바다 속으로 미끄러져 떨어진다. 폭이 500m나 되는 암석이 떨어지기도 한다.

열점 위의 화산들
대부분의 화산은 판의 경계에 있는데, 하와이 제도는 판 중앙부에 있다. 하와이 제도에 있는 화산들은 맨틀의 깊은 곳에 고정된 열점의 위쪽에서 차례로 만들어졌다. 이 화산들이 판과 함께 움직여 열점에서 멀어지면 분화를 멈추고, 새로운 화산이 열점 위쪽에서 만들어졌다. 열점이 이렇게 화산 열도를 만들기 때문에 열점에서 멀리 떨어진 화산일수록 오래 되었다.

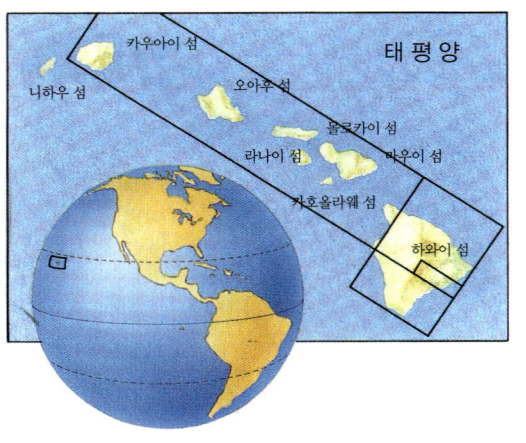

열점에서 멀리 떨어진 화산일수록 오래 되었다.

오래 된 화산은 활동을 안 한다.

판의 이동 경로

판이 1년에 10cm 정도 북서쪽으로 이동한다.

각 화산은 열점 위쪽에 백만 년쯤 머무른다.

열점 위쪽에 만들어지는 새로운 화산에서는 화산 활동이 자주 일어난다.

맨틀 내부에 있는 열점은 수천만 년 동안 고정된 위치에 있다. 대륙 아래에 있는 열점도 있다.

숨겨진 높이
해수면 위로 나온 화산섬은 해저에서 솟은 거대한 화산의 작은 꼭대기에 지나지 않는다. 높이 4,169m의 마우나로아 화산은 해저에 있는 부분까지 합하면 9,000m 가까이 된다.

베개 모양의 용암
뜨거운 용암이 찬 물속으로 분출될 때 베개 모양의 용암이 만들어진다. 바닷물에 의해 급히 식기 때문에 껍질이 얇은 둥근 모양이 되는데, 껍질 속에서는 붉고 뜨거운 용암이 움직인다. 껍질이 갈라지면 흘러나와 또 베개 모양의 용암을 만든다.

불의 여신

하와이의 불의 여신 펠레는 하와이 제도에서 가장 오래 된 섬부터 가장 새로운 섬까지 여행하고 있다고 전해 진다. 펠레의 여행 순서는 열점 화산 들의 생성 순서와 비슷하다.

현무암질 마그마

맨틀에서 만들어지는 현무암질 마그마는 섭입대에서 지각이 녹아 만들어지는 마그마보다 더 뜨겁고 유동적이다. 현무암질 마그마 가 지구 표면으로 올라가 굳으면 현무암이 되고, 이 마그마가 지하에서 천천히 식으면 결정이 커져서 입자가 굵은 반려암이 된다.

하와이의 킬라우에아 화산 내부에는 현무암질 용암이 붉고 뜨거운 샘을 이루고 있어 어두운 화산 지형에 용암이 넘쳐흐른다.

지각층

해양 지각의 맨 아래 지층은 굵은 결정의 반려암으로 이루어졌고, 그 위에는 마그마가 판자 모양으로 뚫고 들어가 이루어진 암맥의 층이 있다. 화산은 그 위에 있다.

맨틀의 최상부는 이동하는 판의 일부이다.

화산의 지층들을 보여주기 위해 섬을 둘로 갈랐다.

화산의 층

화산의 맨 아래 층은 마그마가 바닷물 속에 분출되어 만들어졌기 때문에 베개 모양의 용암들이 쌓여 이루어졌다. 화산이 해수면 위로 솟으면 용암이 바다로 흘러 퍼진다.

화산 아래

하와이 제도에서 분출된 용암은 태평양 판 아래에 있는 맨틀에서 올라온 것이다.

분출된 용암이 이전에 분출되어 이루어진 층을 덮으면서 화산이 성장한다.

암맥

마그마가 지구 표면으로 올라가는 통로인 암맥은 수평적인 암석층에 대해 직각을 이룬다.

지금 하와이 제도에서 활동하고 있는 화산은 로이히 해저 화산, 마우나로아 화산, 킬라우에아 화산뿐이다.

마그마 커튼

마그마가 화산 내부에서 위쪽 암석의 틈을 향해 커튼 모양으로 올라가 지구 표면에서 용암으로 분출된다. 분출되지 않은 마그마는 굳어져 암맥을 이룬다.

로이히 화산

하와이 섬 남쪽에 있는 로이히 해저 화산은 꼭대기가 해수면 아래 900m에 있다. 많은 용암이 분출되어 성장하면 새로운 섬이 될 수도 있다.

로이히 해저 화산은 하와이 섬을 만든 열점에서 마그마를 공급받는다.

깊이
해양 지각 0km
암권 5km
판의 밑 100km
맨틀
마그마가 만들어지는 곳

지진 *Shaking the Crust*

암반이 강한 힘을 받아 갑자기 미끄러지거나 깨지면 지각이 심하게 흔들려 지진이 일어난다. 몇 년 동안 암반에 축적되었던 압력이 순간적으로 작용하면서 암반이 갈라지고 이동해 서로 어긋나는데, 이것을 단층이라고 한다. 단층은 대부분 지하에서 생기지만, 지구 표면까지 확장되어 단층면이 지형에 나타나기도 한다. 뉴질랜드의 알파인 단층(아래 그림)은 지형을 크게 둘로 나누었다. 단층을 경계로 동쪽에서는 산맥이 융기하고, 서쪽에서는 평야가 펼쳐져 있다.

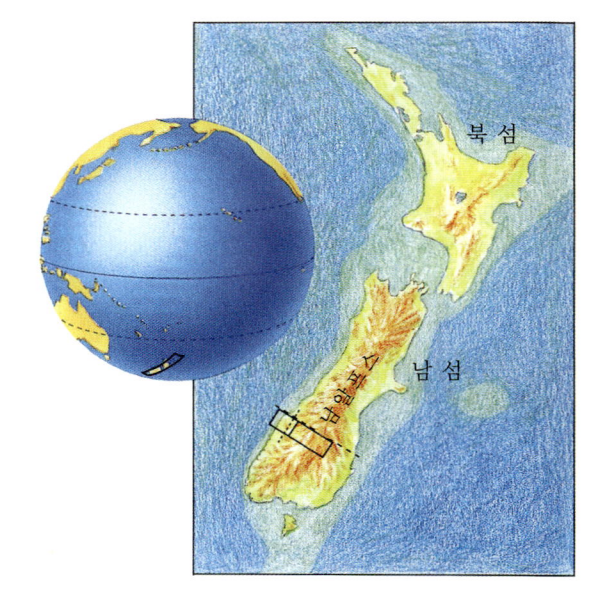

지진은 왜 일어나는가?

아래는 암석에 축적된 압력이 단층면을 따라 지진이 발생하는 과정이다. 두 개의 움직이는 판이 서로 맞물리면서 단층면을 따라 압력이 증가하다가 암석의 강도가 한계에 이르면 두 판이 엇갈려 이동하면서 지진을 일으킨다. 오른쪽 큰 그림은 뉴질랜드의 알파인 단층에서 일어나는 지진을 설명한다.

압력 증가
하나의 판이 다른 판을 지나칠 때 두 판이 닿는 곳 부근에 단층선이 만들어진다. 압력은 단층면 양쪽 암석에 누적된다.

압력과 암석의 강도
압력이 암석을 변형시키고 균열을 일으킨다. 마침내 암석의 강도가 한계에 이른다.

지진 발생
암석의 강도보다 압력이 커지면 암석이 깨져 지진이 일어난다.

융기와 침식
뉴질랜드알프스는 지진이 일어날 때마다 조금씩 융기하지만, 융기와 같은 속도로 침식이 일어난다.

태평양에 있는 뉴질랜드의 북섬과 남섬 사이에 두 판의 경계가 있다.

뉴질랜드 북섬에는 간헐천에서 활화산에 이르기까지 갖가지 화산 지형이 있다.

진원과 진앙
진원은 지진이 발생하는 곳, 진앙은 진원 바로 위의 지표면이다.

지진의 진동은 진원에서 사방으로 퍼진다.

단층면
단층면은 울퉁불퉁한 면이 서로 맞물려 있다. 맞물림이 단단하면 다음 지진까지의 기간이 길어지지만, 더 큰 지진을 일으킬 수도 있다.

중앙의 큰 그림 주요 부분을 확대한 그림

단층선을 따라 강이 흐른다.

단층면 지표 근처의 부서진 암석은 푸르스름한 연암으로 변하여 침식되기 쉽다.

깊은 곳에서는 단층면의 암석이 마찰열에 의해 녹기도 한다.

판의 경계

지진은 대부분 판과 판의 경계에서 일어난다. 뉴질랜드 북섬에서는 태평양 판이 인도·오스트레일리아 판 아래로 섭입하지만, 남쪽에서는 그 반대이다. 남섬에 거대하게 갈라진 알파인 단층이 있기 때문이다. 북섬에서는 섭입 때문에 태평양 판과 인도·오스트레일리아 판 양쪽 내부에서 지진이 일어난다.

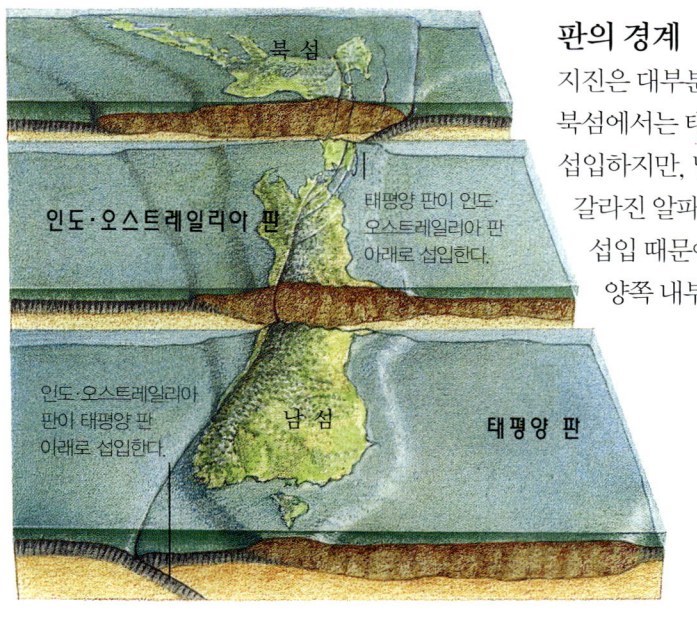

미국 캘리포니아 주의 샌프란시스코는 산안드레아스 단층 위에 있다. 사진은 1906년에 일어난 대지진에 의해 뒤틀린 전차 선로의 모습이다.

이동하는 지층

서쪽 평야에 있는 암석층과 단층의 산 쪽에 있는 암석층은 같은 지층이다. 단층에 따른 이동이 있어 같은 암석층이 수백 킬로미터나 떨어져 있다. 수없이 많은 지진에 의해 떨어져 버린 것이다.

일차 파동(P파)

지진이 발생하면 처음에 P파가 밀려와 약한 진동을 일으킨다. 종파인 P파는 고체·액체·기체를 모두 통과한다. 진행 속도는 초속 5~7km. 파동을 매개하는 매질의 진동 방향이 파의 진동 방향과 같다.

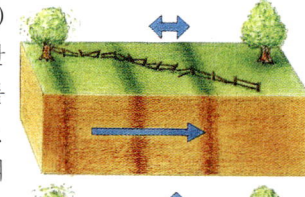

이차 파동(S파)

약한 진동에 이어 S파가 밀려와 큰 진동을 일으킨다. 고체만 통과하는 S파는 땅의 진동 방향이 파의 진행 방향과 직각을 이루는 횡파이다. 진행 속도는 초속 3~4km.

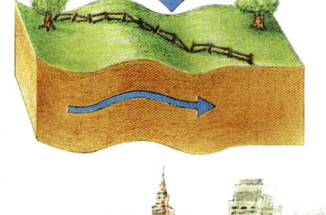

지진파

진원에서 퍼지는 진동을 지진파라고 한다. 지진파는 단단한 암석에서는 빠르게 전해지지만, 퇴적물이나 물에서는 느리게 전해진다. 지진파가 지나가면 딱딱한 암석은 변화가 없지만, 부드러운 퇴적층은 눌려 굳어지기도 한다.

흔들리는 땅

땅이 흔들려 건물들이 파괴되기도 한다. 진원에서 가까운 곳일수록 피해가 심하다.

진동은 때때로 부드러운 암석 지역에서 보다 느리게 전달되면서 큰 피해를 준다.

쓰나미(해일)

해안 근처에서 발생하는 지진은 해저의 지층을 흔들어 거대한 파도, 쓰나미를 일으킨다. 쓰나미는 파장이 길어 진원으로부터 먼 곳까지 전해진다. 태평양을 건널 수도 있다. 파도가 대륙붕에 이르면 파도가 30m나 되는 거대한 파도로 돌변해 해안에 많은 피해를 줄 수 있다.

이동하는 평야

산맥 서쪽에 있는 넓은 평야는 지난 2천만 년 동안 북쪽으로 500km 이동했다. 지진이 생길 때마다 북쪽으로 몇 센티미터씩 이동한다.

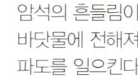

- 암석의 흔들림이 바닷물에 전해져 파도를 일으킨다.
- 파도는 진앙에서 멀리 이동할 수 있다.
- 파도는 대륙붕에 이르면 거대한 파도로 변한다.
- 파도는 약 10분 간격으로 해안을 덮친다.
- 해저 지진으로 해저의 암석이 단층면을 따라 깨진다.

조산 운동 Mountain Building

거대한 습곡 산맥을 만드는 지각 변동을 조산 운동이라고 한다. 판의 움직임에 의해 지층이 뒤틀려 만들어지는 산맥은 대부분 대륙 가장자리에 있는 섭입대 근처에 있다. 그중 일부는 대륙의 갈라진 틈에서 지각 운동에 의해 융기되어 만들어진다. 산맥이 융기되면 비와 눈에 의해 바로 침식이 시작된다. 높고 표면이 고르지 못한 산맥은 조산 운동이 계속되고 있는 산맥이다. 융기가 멈추면 침식 작용에 의해 산이 점점 낮아져 마침내 작은 언덕만 남게 된다.

로키 산맥은 점점 커지고 있다. 섭입하는 해양 지각의 작은 섬들이 해안 가장자리로 이동되어 산맥 쪽으로 밀려 올라가 쌓이기 때문이다.

남아메리카의 안데스 산맥은 태평양 판의 섭입에 의해 만들어졌다.

힘의 균형

대부분의 산맥은 고도를 높이는 조산 운동과 암석을 깎아 내는 풍화·침식 사이의 균형에 의해 이루어진다. 화산 활동에 의해 이루어진 산맥도 있다. 화산 활동으로 생긴 산이 조산 운동으로 이루어진 산맥 위에 겹치면 매우 높은 산이 된다.

미국 와이오밍 주의 십 마운틴. 침식에 의해 습곡 지층이 드러나 있다.

탄자니아의 킬리만자로 산
화산재와 용암이 교대로 쌓여 이루어진 킬리만자로 산은 아프리카에서 가장 높은 산이다. 높이 5,896m.

그루지야 공화국의 엘브루스 산
높이 5,642m. 화산이지만, 수천 년 동안 활동이 없었다.

미국의 매킨리 산
빙하에 덮인 높이 6,194m의 산. 미국 알래스카 주의 데날리 국립공원에 있다.

설선
1년 동안 내린 눈과 녹은 눈의 양이 같은 지점을 연결한 선이다. 보다 높은 산지는 만년설에 덮여 있다. 산이 적도에서 멀수록 설선이 낮아진다.

수목 한계선
높은 산이나 극 지역에서 수목이 살 수 있는 한계선. 설선 아래에 수목 한계선이 있다.

눈에 덮인 산봉우리
적도 근처에서는 설선이 고도 6,000m 이상에 있다. 적도에서 멀어지면 태양이 비추는 각도가 낮아지기 때문에 땅이 받는 열이 적어 설선이 낮아진다.

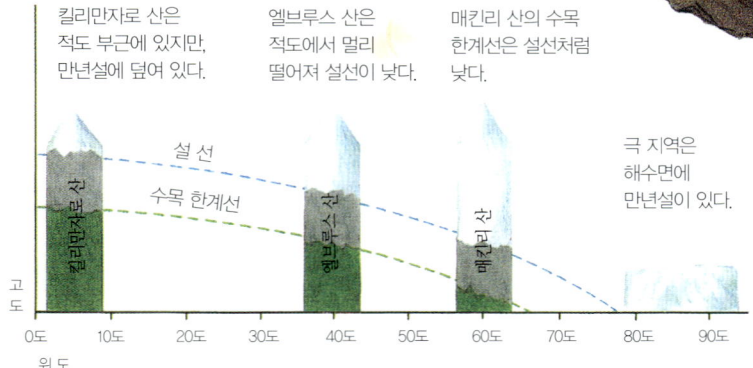

킬리만자로 산은 적도 부근에 있지만, 만년설에 덮여 있다.

엘브루스 산은 적도에서 멀리 떨어져 설선이 낮다.

매킨리 산의 수목 한계선은 설선처럼 낮다.

극 지역은 해수면에 만년설이 있다.

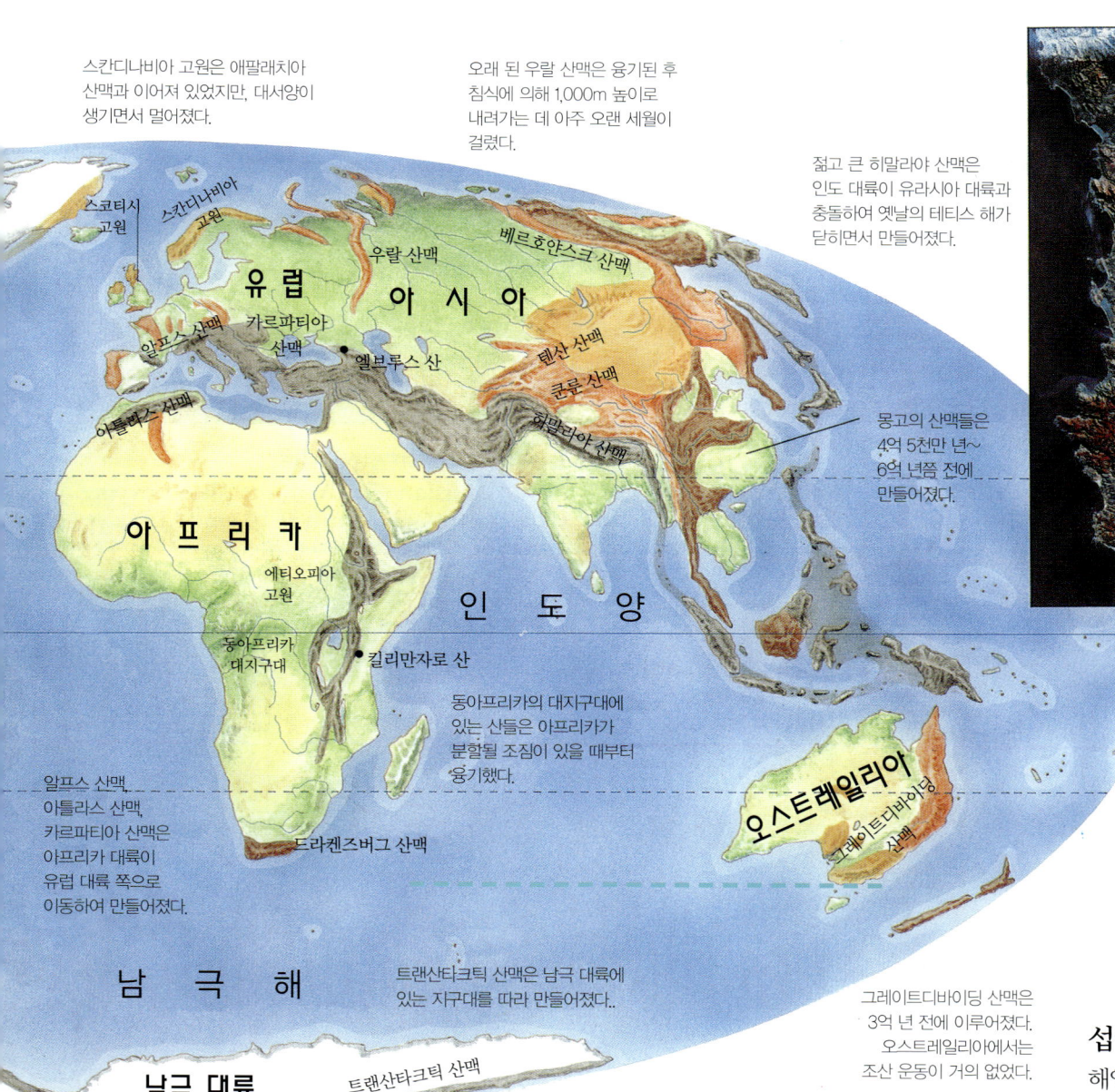

스칸디나비아 고원은 애팔래치아 산맥과 이어져 있었지만, 대서양이 생기면서 멀어졌다.

오래 된 우랄 산맥은 융기된 후 침식에 의해 1,000m 높이로 내려가는 데 아주 오랜 세월이 걸렸다.

젊고 큰 히말라야 산맥은 인도 대륙이 유라시아 대륙과 충돌하여 옛날의 테티스 해가 닫히면서 만들어졌다.

몽고의 산맥들은 4억 5천만 년~6억 년쯤 전에 만들어졌다.

동아프리카의 대지구대에 있는 산들은 아프리카가 분열될 조짐이 있을 때부터 융기했다.

알프스 산맥, 아틀라스 산맥, 카르파티아 산맥은 아프리카 대륙이 유럽 대륙 쪽으로 이동하여 만들어졌다.

트랜산타크틱 산맥은 남극 대륙에 있는 지구대를 따라 만들어졌다.

그레이트디바이딩 산맥은 3억 년 전에 이루어졌다. 오스트레일리아에서는 조산 운동이 거의 없었다.

인공위성에서 본 칠레의 산티아고 근처. 눈에 덮인 안데스 산맥의 산들이 보인다.

일러두기
- 신생대에 만들어진 산맥 6,500만 년 이후
- 중생대에 만들어진 산맥 6,500만~2억 5,000만 년 전
- 고생대 후기에 만들어진 산맥 2억 5,000만~4억 5,000만 년 전
- 고생대 전기에 만들어진 산맥 4억 5,000만~5억 6,500만 년 전

섭입에 의해 이루어지는 산맥

해양 지각이 대륙 아래로 섭입되면 일부가 녹아 마그마가 된다. 이 마그마가 지각 위로 분출되거나 지하에서 식어 화강암이 되면 새로운 산맥이 만들어진다.

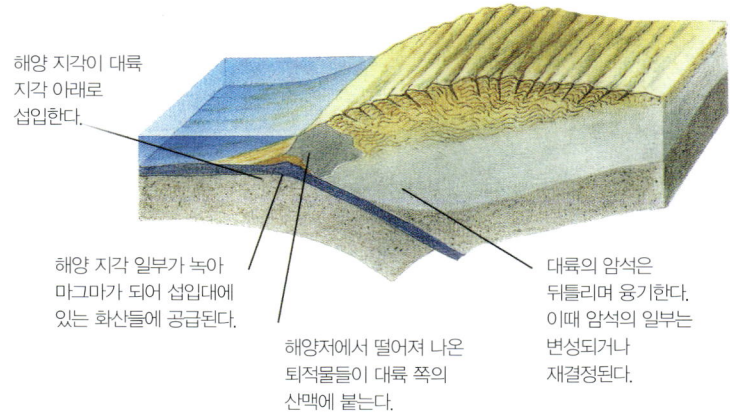

해양 지각이 대륙 지각 아래로 섭입한다.

해양 지각 일부가 녹아 마그마가 되어 섭입대에 있는 화산들에 공급된다.

해양저에서 떨어져 나온 퇴적물들이 대륙 쪽의 산맥에 붙는다.

대륙의 암석은 뒤틀리며 융기한다. 이때 암석의 일부는 변성되거나 재결정된다.

침식된 산맥

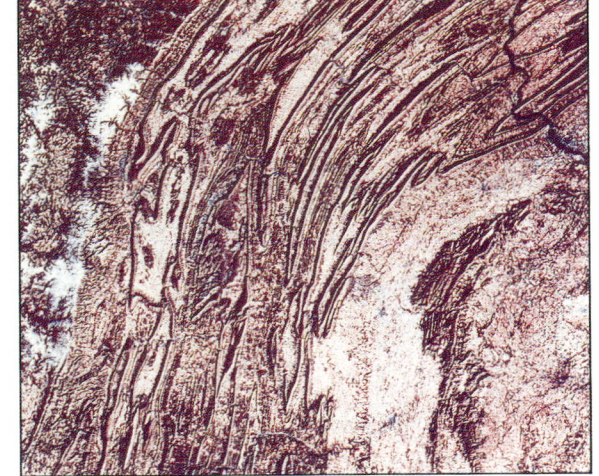

미국 동부 펜실베이니아 주에 있는 애팔래치아 산맥은 약 2억 5천만 년 전에 이루어졌다. 그 후 침식이 계속되어 단단한 규암으로 된 구불구불한 능선만을 남겨 놓았다. 능선과 능선 사이의 부드러운 암석은 쉽게 침식되어 골짜기가 되었다. 인공위성에서 본 왼쪽 사진에서 침식에 의해 이루어진 독특한 모습이 보인다.

산의 구조

산은 양쪽에서 끌어당기는 힘과 미는 힘이 작용해야 이루어진다. 다음 그림들은 산맥에서 볼 수 있는 여러 종류의 습곡과 단층이다.

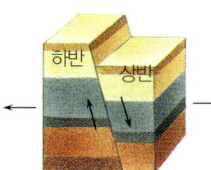

암석이 서로 반대 방향으로 끌어당겨지면 끊어져 정단층이 된다.

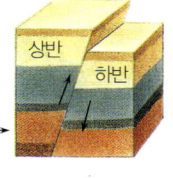

암석이 양쪽에서 미는 힘(횡압력)을 받는 경우에도 끊어져 역단층이 된다.

암석에 습곡이 이루어지면 많은 틈이 생겨 풍화를 쉽게 받는다. 그래서 습곡의 꼭대기 부분은 산맥의 정상이 되기 힘들다.

습곡된 암석

지각의 암석이 양쪽으로부터 미는 힘을 받으면 퇴적층이 구부러지기 시작한다.

스러스트 단층
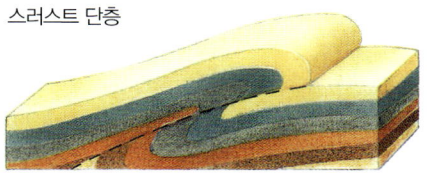

습곡 작용이 너무 강하여 암석이 더 이상 구부러질 수 없으면 끊어져서 스러스트(충상) 단층이 된다.

습곡과 단층

산맥에서 층을 이루고 있는 암석들은 압력을 받아 습곡을 이루거나 스러스트 단층이 된다. 구부러진 암석층 윗부분이 침식 작용에 의해 깎여 산맥이 이루어진다.

23

대륙과 대륙의 충돌
Continents Collide

7천만 년 이전에 인도 대륙은 남극 대륙에서 떨어져 나와 아시아 대륙을 향해 천천히 북상했다. 바다에 있던 작은 대륙들이 먼저 아시아 대륙으로 밀려가 합쳐져 초기의 히말라야 산맥을 만들었다. 두 대륙이 가까워지자 대륙 사이의 해양저는 아시아 대륙 아래로 밀려 섭입되었다. 바다가 완전히 사라지고 두 대륙이 충돌한 후에도 인도 대륙이 계속 북상하여 아시아 대륙은 습곡되고 융기되었다. 그 결과 지구상에서 가장 높은 산맥인 히말라야 산맥과 가장 높은 고원인 티베트 고원이 이루어졌다.

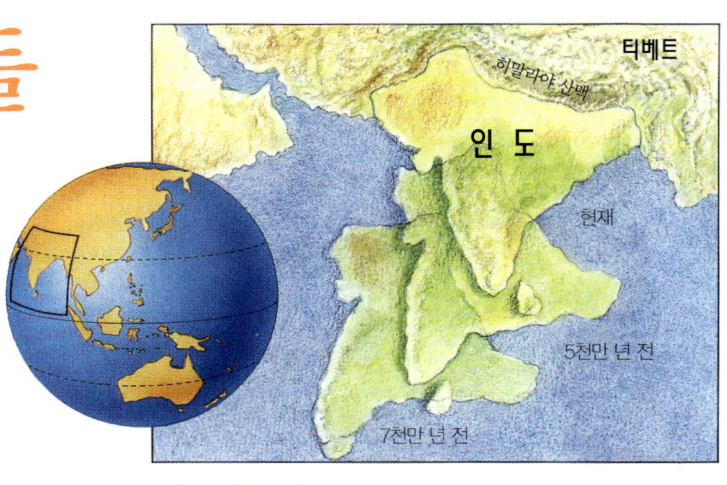

인도의 북상
인도 대륙이 있던 판은 아시아 대륙과 충돌하기 전에 1년에 10cm씩 북쪽으로 움직이다가 충돌 후에는 1년에 5cm쯤으로 느려졌다. 히말라야 산맥은 그 충돌로 생긴 가장 젊은 산맥이다.

산맥의 내부
인도 대륙은 충돌 이후 큰 변화가 없었지만, 아시아 대륙은 구부러지고 지각이 두 배 이상 두꺼워졌다. 아시아 대륙의 지각이 습곡되고, 단층이 생기고, 지하의 마그마가 상승하여 대륙의 지각에 붙었기 때문이다. 산맥이 융기한 뒤 바람, 얼음, 비에 침식당해 새로운 퇴적물이 만들어졌다.

부채 모양의 퇴적물
부채를 펼쳐 놓은 모양의 퇴적층은 섭입되는 판에서 떨어져 아시아 대륙에 붙은 것이다.

세계의 지붕
히말라야 산맥에는 세계에서 가장 높은 에베레스트 산(8,848m)을 비롯해 8,000m가 넘는 산이 많다.

네팔의 에베레스트 지역에 높이 솟아 단단한 빙하에 덮여 있는 탐세르쿠 봉

히말라야 산맥의 단면
현재 히말라야 산맥의 높은 산봉우리를 이룬 암석들은 인도 대륙과 아시아 대륙 사이에 있던 테티스 해의 해저를 이루던 것이다. 두 대륙이 충돌할 때 무거운 해양 지각은 섭입되었지만, 해저에 있던 좀더 가벼운 퇴적물은 떨어져 나와 아시아 대륙 지각의 한 부분이 되었다. 그 뒤 습곡 작용과 단층 작용에 의해 히말라야 산맥의 일부가 되었다. 단층 작용은 지층의 일부를 다른 지층 위로 밀어 올린다. 오른쪽 그림은 이러한 단층 작용에 의해 만들어진 암석층들의 모습이다.

인도 대륙의 역사

인도 대륙이 남쪽에 있던 곤드와나 대륙으로부터 갈라져 나오면서 남극 대륙과 인도 대륙 사이에 새로운 바다가 생겼다. 인도 대륙 북쪽에 있던 작은 대륙들은 테티스 해의 해저가 섭입되면서 아시아 대륙에 합쳐졌다. 두 대륙이 충돌했을 때 가벼운 대륙 지각으로 이루어진 인도 대륙은 섭입되지 않고 아시아 대륙 가장자리를 밀어붙였다.

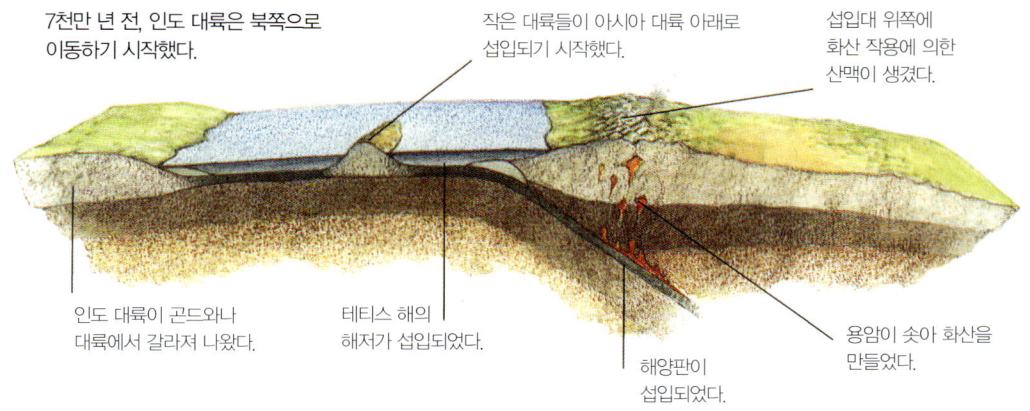

7천만 년 전, 인도 대륙은 북쪽으로 이동하기 시작했다.
- 인도 대륙이 곤드와나 대륙에서 갈라져 나왔다.
- 테티스 해의 해저가 섭입되었다.
- 작은 대륙들이 아시아 대륙 아래로 섭입되기 시작했다.
- 해양판이 섭입되었다.
- 섭입대 위쪽에 화산 작용에 의한 산맥이 생겼다.
- 용암이 솟아 화산을 만들었다.

5천만 년 전, 인도 대륙이 아시아 대륙과 충돌했다.
- 테티스 해 해저의 마지막 부분이 섭입되었다.
- 해저에 있던 퇴적물이 밀려와 윗부분에 쌓였다.
- 작은 대륙들이 아시아 대륙에 합쳐진 곳의 경계선
- 화산 활동이 계속되었다.
- 아시아 대륙의 남쪽 가장자리가 밀려 변형되었다.

지진 지대
히말라야 산맥 서쪽 끝에서 발생하는 큰 지진은 섭입이 계속되고 있음을 뜻한다.

카라코람 산맥
카라코람 산맥에는 히말라야에서 둘째로 높은 K2(8,611m)가 있다.

건조한 고지
거대한 산맥이 계절풍에 의한 비를 막아 티베트 고원은 대부분 사막이 되었다.

티베트 고원
대륙 지각이 가장 두꺼운 해발 5,000m의 황량한 티베트 고원은 아마도 지각의 단층 작용에 의해 산맥이 젤리처럼 내려앉았을 것이다. 이곳에는 근처의 산들에서 운반된 퇴적물이 두껍게 쌓여 있다. 결국 산들도 자신들의 퇴적물 속에 천천히 파묻힐 것이다.

티베트의 온천
티베트에 남아 있는 옛 섭입대에는 활동하는 화산이 없지만, 대신 온천이 있다. 화성암이 식으면서 뿜는 열에 지하수가 데워진 것이다.

바이칼 호
인도 대륙이 아시아 대륙을 밀어붙인 영향은 북쪽으로 수천 킬로미터나 떨어져 있는 시베리아의 바이칼 호에서도 뚜렷이 볼 수 있다. 바이칼 호는 2,500만 년에 걸쳐 이루어진 거대한 지각의 갈라진 틈(지구대)에 자리잡고 있다. 깊이가 9km나 되는 이 틈에 오랫동안 퇴적물이 쌓였지만, 바이칼 호는 여전히 세계에서 가장 깊고, 지구상에 있는 담수의 약 5분의 1을 담고 있는 호수이다. 인도 대륙이 계속해서 북쪽으로 이동하기 때문에 언젠가는 시베리아를 나누는 새로운 바다가 될 것이다.

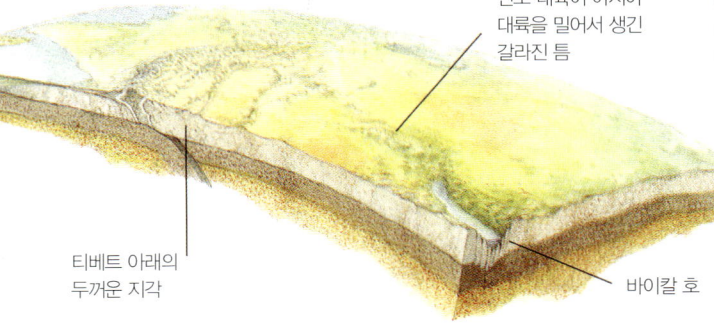

- 인도 대륙이 아시아 대륙을 밀어서 생긴 갈라진 틈
- 티베트 아래의 두꺼운 지각
- 바이칼 호

섭입대
두 개의 판이 충돌하면 하나의 판이 다른 판 아래로 밀려 섭입한다. 섭입하는 판은 들어가면서 일부가 녹기 시작하고, 섭입대에서는 지진과 화산 활동이 일어난다.

작은 대륙의 물질로 이루어진 암석

녹는 지각
섭입하는 해양 지각의 일부가 깊이 약 100km에서 녹기 시작한다. 녹은 용암은 암석의 갈라진 틈을 통해 상승, 땅 속에 모여 플루톤이라는 덩어리를 만든다. 이것이 식어 굳어지면 화강암이라는 화성암을 만든다.

지각 형성 Making the Crust

지구 표면 위에서 작용하는 힘과 아래에서 작용하는 힘이 합쳐져 지각을 형성, 파괴, 변화시킨다. 해령에서 새로 만들어진 현무암질의 해양 지각은 이동하여 섭입대에서 지구 내부로 사라진다. 이 해양 지각은 녹아서 마그마가 되는데, 일부는 지구 표면으로 상승하여 화산을 만들고, 일부는 지하에서 플루톤이라는 거대한 덩어리를 만든다. 플루톤은 점점 식어 화강암 등의 화성암이 된다. 이러한 활동에 의해 산맥이 자꾸 높아지고, 산맥의 깊은 곳에서는 암석이 열을 받아 재결정되어 변성암이 된다. 지구 표면에서는 융기하는 산맥이 침식되어 생긴 바위 부스러기가 모여 퇴적암이 된다.

갈라파고스 제도
갈라파고스 제도는 중앙아메리카의 과테말라 남서쪽에 있는 해령의 일부이다.

형성과 변화

오른쪽의 큰 그림은 지각이 만들어지고 변화하는 모습을 보여준다. 섭입대 위에 있는 산맥의 일부를 이룬 화강암은 오래 된 해양 지각이 녹아서 만들어진 화성암이다. 화강암이 지구 표면 가까이 상승하면 산맥을 이룬 오래 된 암석은 열을 받아 압축되고 재결정되어 변성암이 된다. 산맥은 융기하는 속도와 같은 속도로 침식을 받는데, 침식에 의해 생긴 퇴적물이 과테말라 해안 근처에 새로운 퇴적암을 만든다.

화성암, 퇴적암, 변성암, 세 종류의 암석이 각 지역에 얼마나 분포되어 있는지를 원으로 나타냈다.

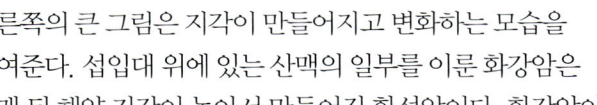

해안의 암석
근처 산이 풍화되어 생긴 큰 자갈부터 흙에 이르기까지 많은 물질이 해안으로 운반되어 퇴적된다. 그래서 해안에는 퇴적암만 있다.

산맥을 이룬 암석
산맥을 이룬 암석은 화성암, 퇴적암, 변성암이 각각 3분의 1쯤 된다.

영국 데번 주에 있는 '빅슨 토'. 화강암이 침식되어 이루어진, 바위가 많은 언덕(산)을 '토'라고 한다.

화강암질 지형

아래는 화강암질 지형의 특징들이다. 거대한 심성암(마그마가 지각 아래 깊은 곳에서 굳어 결정의 크기 큰 암석)체인 저반의 꼭대기는 침식을 받아 없어지고, 침식을 받은 오래 된 화산의 뿌리가 가까운 곳에 남아 있다.

오래 된 화산이 침식되어 단단하게 굳은 용암이 드러났다.

저반의 일부가 침식되어 '토'만 남는다.

오래 전에 활동을 멈추고 침식된 화산의 마그마 통로

화강암 플루톤의 윗부분이 무너져 내려 물이 괴었다.

돔 모양의 거대한 화강암 저반의 일부

플루톤
마그마가 상승하여 만든 거대한 덩어리. 이름은 그리스 신화에 나오는 저승의 신 플루토에서 비롯되었다.

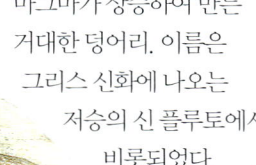

산맥의 암석
생긴 지 오래 되지 않은 산맥은 대부분 화성암이나 변성암으로 되어 있다.

화강암 저반
플루톤은 수백만 년 동안 천천히 식어 화강암이 된다. 그런데 새로운 마그마가 오래 전에 이루어진 화강암을 다시 녹이기도 해 저반이 이루어지는 과정이 복잡해진다.

현무암질의 지형

새로운 현무암질 용암이 기둥 모양으로 갈라진 오래 된 용암 위로 흘러내리고, 평평한 곳에서는 용암이 얇게 퍼져 층을 만든다. 용암 덩어리에 덮인 용암류 (흐르는 용암이나 식어서 굳어진 용암)의 위쪽 부분은 비교적 빨리 풍화되어 빛깔이 붉은 기름진 토양을 만든다. 용암류가 다른 용암류 위로 계속 흘러 겹쳐지면 계단 모양의 지형이 이루어진다. 시베리아 트랩이 대표적이다. 우리나라는 제주도 바닷가에 주상절리가 있다.

현무암 기둥

이 현무암 기둥(주상 절리)은 흐르던 용암류의 내부가 천천히 식어 수축되면서 갈라진 것이다. 절벽 아래에 있는 암석 더미들은 이 기둥이 침식되어 생긴 것이다.

용암류

새로운 용암이 현무암 기둥 절벽 아래로 흘러내린다. 용암류의 표면은 식어서 굳어지고, 그 속에서 식지 않은 용암은 시속 50km로 흐르다가 식으면서 느려진다.

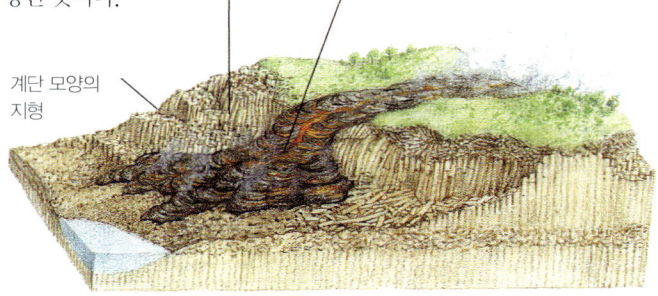
계단 모양의 지형

하와이 섬의 킬라우에아 화산에서 흘러내리는 현무암질의 용암. 찰기가 적고 뜨거우며, 바깥쪽이 식어 껍질을 만드는 이런 용암을 하와이에서는 '파호이호이'라고 한다. 해령에서 솟아 해양저를 이루는 것도 현무암질 용암이다.

사라지는 지각

섭입대에서는 현무암의 해양 지각이 맨틀 속으로 들어간다. 지각 위에 있던 퇴적물들은 떨어져 나와 대륙의 가장자리에 붙는다.

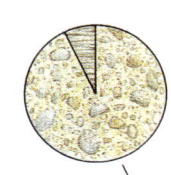
해령의 암석
대부분 화성암이지만, 퇴적암도 있다.

해령에서 만들어지는 새로운 해저

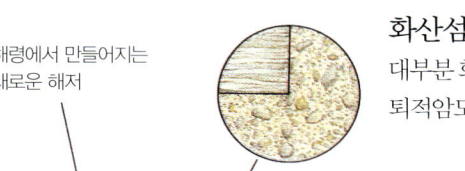
화산섬의 암석
대부분 화성암이지만, 퇴적암도 있다.

갈라파고스 제도
콜론 해령
태평양
중앙 아메리카 해구

현무암질의 섬들

갈라파고스 제도는 확장되는 해령 근처에서 뜨거운 마그마가 솟아 만든 현무암질 암석으로 이루어졌다.

새로 만들어지는 지각

확장되는 해령에서는 현무암질의 마그마가 솟아 굳어지면서 새로운 지각을 만든다. 지하에서 식어 굳어지는 마그마도 있다.

현무암질의 암석이 맨틀 속으로 들어가 100km 아래에서 녹기 시작한다.

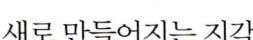
화산재와 먼지 구름이 하늘로 솟는다.

화산이 용암과 화산재를 뿜는다.

화성암이 풍화·침식된다.

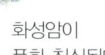
화산재와 암석 알갱이들이 쌓여 지층을 만든다.

화성암
분출된 용암이 빨리 식으면 화산암이 된다.

퇴적암과 변성암이 풍화되어 새로운 지층을 만든다.

이 지층이 압력을 받아 굳어져서 암석이 된다.

퇴적암

마그마가 지구 표면까지 상승, 화산에서 분출되어 용암이 된다.

마그마가 땅 속에서 식어 천천히 굳어진 것을 심성암(깊은 곳에서 만들어진 암석)이라고 한다.

열과 압력을 받아 재결정되어 다른 암석이 된다.

변성암

암석이 녹아 마그마가 된다.

화성암

암석이 너무 뜨거워지면 녹아 새로운 마그마가 된다.

암석의 순환

한 암석이 다른 암석으로 변하는 것. 라틴어로 '불 같은'이라는 뜻의 화성암은 마그마가 땅 속에서 식거나 화산에서 솟아 지구 표면에서 식어 만들어진다. 물, 바람, 얼음 등의 영향을 받으면 침식·풍화되어 그 부스러기들이 퇴적되어 퇴적암(라틴어로 '가라앉다'라는 뜻)이 된다. 산맥에서는 암석이 열과 압력을 받아 재결정되어 변성암(라틴어로 '변화'라는 뜻)이 된다.

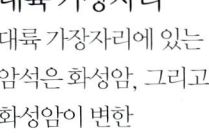
대륙 가장자리
대륙 가장자리에 있는 암석은 화성암, 그리고 화성암이 변한 변성암이다.

27

풍화와 침식
The Crust Wears Down

풍화는 암석을 화학적으로 분해시켜 잘게 부수는 작용이고, 침식은 부서진 암석의 알갱이들을 없애거나 운반하는 작용이다. 지구 표면의 암석은 대기와 닿아 있어 팽창하거나 수축하기도 하고, 물에 젖거나 마르기도 한다. 이러한 변화들은 암석을 이루고 있는 광물들을 분해시켜 작은 알갱이들을 만들어 낸다. 알갱이들은 그 자리에 있기도 하지만 빗물, 눈과 얼음이 녹은 물, 바람, 강물에 의해 운반된다. 식물의 뿌리도 암석의 갈라진 틈(절리)으로 들어가 암석을 부숴 물이 더 깊숙이 침투하게 한다.

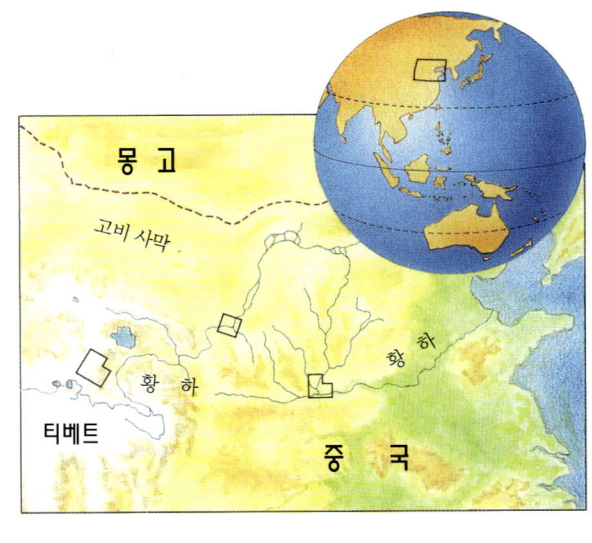

황하가 흐르는 곳
길이 4,830km의 황하는 티베트 북부에 있는 산맥에서 흐르기 시작해 몽고 근처를 굽이쳐 돌아 남하하여 황해에 이른다.

황하는 황토를 많이 포함하고 있기 때문에 황토로 이루어진 강둑과 빛깔이 같다.

황톳빛 강
바다에 가까워질수록 강은 경사가 완만한 평야를 지나면서 노란 흙과 모래를 운반한다. 뱀처럼 구불구불 천천히 흐르면서 운반해 온 흙과 모래를 퇴적시킨다. 강은 오래전에 퇴적된 황토 둑 사이로 흐르면서 해마다 더 많은 황토를 가라앉혀 강바닥을 점점 메워 간다.

노랗게 물드는 강
암석으로 이루어진 산악 지대에서는 황하의 물이 깨끗하다. 그러나 하류, 특히 경작지에서는 부드러운 황토가 쉽게 강물에 씻겨 내려가 물이 노랗다.

황하가 황토 지대를 지날 때 강물 부피의 3분의 1을 황토가 차지한다.

기름진 평야
수천 년 동안 홍수는 이곳에 큰 재난을 일으켰지만, 홍수가 운반하여 퇴적시킨 흙과 모래가 평야를 기름지게 했다.

천천히 흐르는 강물은 운반해 온 흙과 모래를 가라앉힌다.

강물에 운반되어 온 흙, 모래, 자갈 등이 구부러진 강 안쪽의 이미 쌓여 있는 층 위에 자꾸 쌓인다.

구부러진 곳
강이 구부러진 곳의 바깥쪽은 흐름이 매우 빨라 가장 깊다. 안쪽은 물이 얕고 흐름이 느려 흙, 모래, 자갈 등이 퇴적된다. 시간이 지날수록 강바닥이 바깥쪽으로 이동하여 강이 더 많이 구부러진다. 그래서 뱀처럼 구불구불 굽이친다.

구부러진 곳의 바깥쪽은 물의 흐름이 빠르다.

깊은 물은 강가에서 모래와 자갈을 휩쓸어 나른다.

중국의 황하
황하는 티베트 산악 지대에서는 약간의 흙과 모래만을 운반한다. 좀더 아래쪽으로 내려가면 부드러운 황토 지역이 있어 강물이 황토를 멀리까지 운반한다. 바다가 가까운 평지에 다다르면 강물의 흐름이 느려져 황토를 더 이상 운반할 수 없게 되면서 황토가 강바닥에 가라앉아 퇴적된다.

험준한 산맥
쿤룬 산맥은 침식을 받아 산들이 험준하다. 강이 계곡을 깊이 깎아 산봉우리들이 가파르고 불안정하다.

높아지고 낮아지는 산
산들은 지구 내부의 미는 힘을 받아 높아지는데, 곧 침식을 받아 빠르게 낮아진다.

산맥
높은 산맥은 겨울에 눈과 빙하에 덮인다. 산맥의 암석은 암석의 틈에 들어간 물이 얼고 녹는 과정에서 부서진다. 여름에 눈이 녹으면 급류가 생겨 부서진 암석 부스러기들을 하류로 운반한다.

산악 지대에서는 바위 계곡 바닥에서 급류가 흐른다.

계곡 양쪽의 산이 가파르다.

산과 계곡
단단한 암석층으로 이루어진 산맥의 계곡은 양쪽 산의 경사가 가파르고, 부드러운 암석층으로 이루어진 산맥의 계곡은 양쪽 산의 경사가 완만하다.

경사면 침식
중력에 의해 산의 경사면 표면의 암석은 조금씩 아래로 내려간다. 경사가 완만하거나 나무에 덮여 있는 경사면은 침식이 더디다.

굴러 떨어진 암석들
바위로 이루어진 가파른 경사면 아래에 굴러 떨어진 암석 조각들이 쌓여 있다. 이것을 '애추'(급경사진 산기슭에서 풍화 작용 등에 의해 생긴 반원뿔 모양의 퇴적물)라고 한다. 애추는 경사를 완만하게 하고, 산의 풍화 속도를 줄인다.

황토 지대를 확대했다.

자갈이 있는 진흙층은 약해서 쉽게 침식된다.

미끄러지는 땅
암석의 구부러진 틈을 따라 땅이 계단 모양으로 미끄러진다. 미끄러진 땅의 아래쪽 부분이 강에 의해 침식되지 않으면 경사가 완만해진다.

황토 지역
황하 중류 지역에 있는 언덕의 경사면은 빠르게 침식되고 있다. 경사면을 이루고 있는 부드러운 황토는 신생대의 빙기(빙하기)에 중앙아시아의 사막에서 바람에 의해 운반된 모래 등이 쌓여 생긴 퇴적층에 있다. 강이 흐르는 계곡에는 군데군데 넓은 평지가 있고, 퇴적층은 강과 나란히 이루어져 있다.

사면에 단구(테라스)라는 계단 모양의 지형이 만들어졌다. 이곳에서는 맨 아래에서 언덕 꼭대기까지 농작물을 재배할 수 있고, 큰 비가 와도 흙이 씻겨 내려가지 않는다.

흙이 씻겨 내려가도 나무는 해 쪽을 향해 자란다.

흘러내리는 흙
모든 경사면의 흙은 계속해서 아래로 흘러내린다. 비가 내리거나 서리가 내리면 흙이나 흙 속에 들어 있는 암석 조각들이 조금씩 아래로 움직인다. 나무가 거의 없는 경사면에서는 이런 현상이 더욱 두드러진다.

지층의 생성 과정
Layering the Land

강이나 빙하에 의해 산에서 운반되는 흙, 모래, 자갈 등은 산기슭의 자갈이나 돌, 사막의 모래 언덕, 사막 호수의 진흙과 염분, 강가나 해안의 모래나 자갈이 된다. 이렇게 이루어진 퇴적층은 융기에 의해 지구 표면에 드러나는데, 강물 등의 침식 작용을 받아 다시 깎여 나간다. 미국 애리조나 주에 있는 거대한 그랜드캐니언('큰 협곡'이라는 뜻)에는 콜로라도 강에 의해 침식된 콜로라도 고원이 퇴적암층으로 남아 있다.

남쪽 가장자리에 있는 마더포인트에서 찍은 그랜드캐니언. 북쪽 가장자리도 보인다.

북쪽 가장자리
남쪽 가장자리보다 300m 이상 높은 북쪽 가장자리는 늦봄까지 눈에 덮여 있다.

풍화된 절벽
협곡 절벽의 깎인 곡선과 홈은 수백만 년 동안 풍화에 의해 생긴 것이다.

그랜드캐니언의 색채
그랜드캐니언은 여러 종류의 암석층이 겹쳐져 회색인 석회암부터 노란색인 사암, 분홍색인 화강암, 검은색인 편암에 이르기까지 호화로운 색채를 보인다.

석탄은 어떻게 만들어지는가?

강의 삼각주에서 번성한 나무들이 죽으면 물속의 진흙에 묻힌다. 죽은 나무가 공기 속에 드러나 있으면 썩지만, 물속에 쌓이면 까맣고 섬유질이 많은 '이탄'이라는 물질로 변해 간다. 그 위에 모래, 석회, 진흙 등의 퇴적물이 쌓이고 쌓여 이탄층을 압축한다. 수백만 년이 지나면 압력과 땅 속의 열을 받아 석탄으로 변한다.

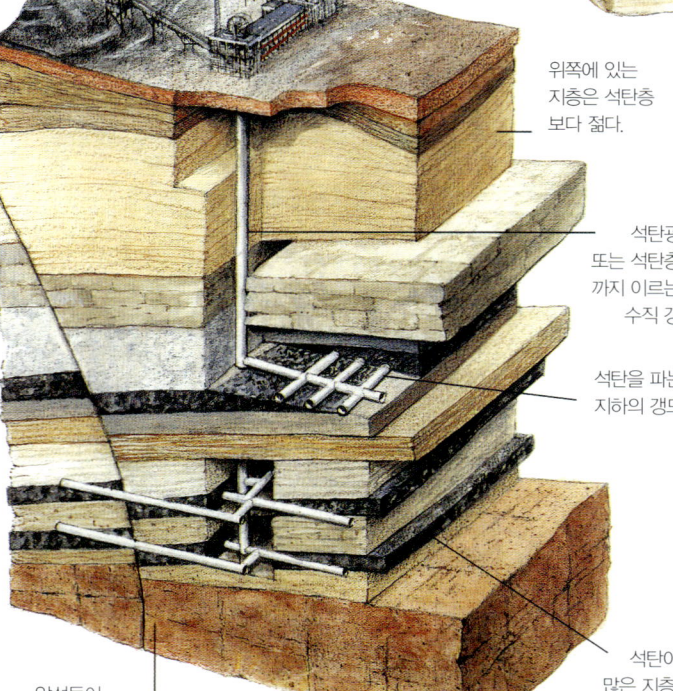

석탄을 캐는 설비

위쪽에 있는 지층은 석탄층보다 젊다.

석탄광 또는 석탄층까지 이르는 수직 갱

석탄을 파는 지하의 갱도

암석들이 이 단층면 아래로 미끄러진다.

석탄이 많은 지층

석유는 어떻게 만들어지는가?

바다에서 사는 생물들의 사체가 많은 퇴적물이 바다 밑바닥에 묻혀 오랫동안 땅의 열과 압력을 받으면 석유가 된다.

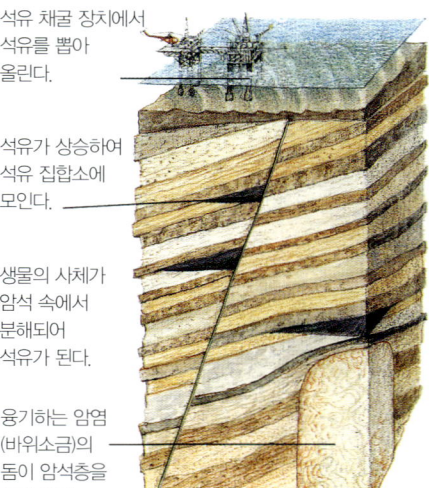

석유 채굴 장치에서 석유를 뽑아 올린다.

석유가 상승하여 석유 집합소에 모인다.

생물의 사체가 암석 속에서 분해되어 석유가 된다.

융기하는 암염(바우소금의 돌)이 암석층을 휘게 한다.

나무가 이탄으로
열대 습지의 부드럽고 목질부가 없는 나무들이 이탄이 되기 쉽다.

이탄이 석탄으로
층층이 쌓인 퇴적물의 압력에 의해 이탄이 석탄이 된다.

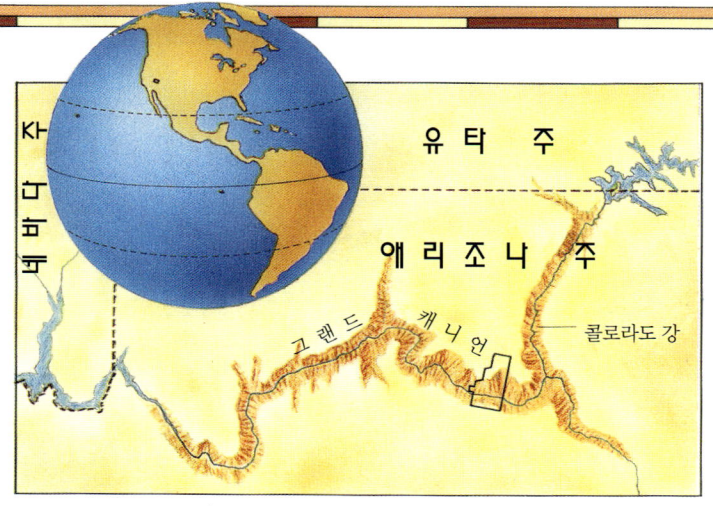

그랜드캐니언과 콜로라도 강
콜로라도 강은 미국 애리조나 주를 지나면서 길이 349km, 최대 폭 30km, 깊이 1.9km의 웅장한 그랜드캐니언을 만들었다.

해수면 높이의 변화
바닷속에서 해령의 활동이 활발해지면 거대한 해저 산맥이 바닷물을 밀어 올려 해수면이 높아진다. 그러면 해안의 낮은 육지가 물에 잠긴다.

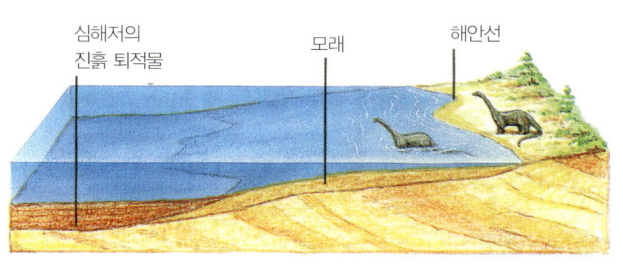

해안선의 변화
빙기 또는 해령의 활동이 활발하지 않을 때는 해수면이 낮아져 해안의 물이 빠져 나간다. 그리고 해안의 모래 등이 심해로 흘러들어 심해저의 오래 된 퇴적물 위에 쌓인다.

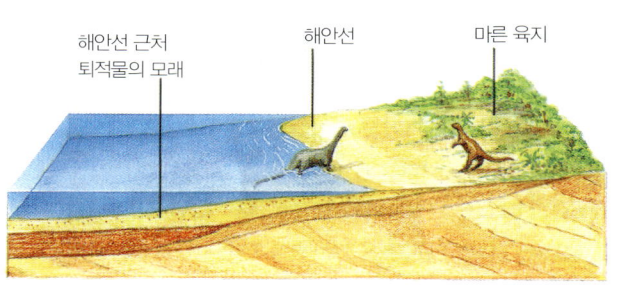

협곡 가장자리 근처의 암석들
협곡 가장자리 근처에 있는 암석들은 2억 5천만 년 전의 퇴적물로 이루어졌다. 고대에 해저를 이루었던 지층도 있고, 사막의 모래였던 지층도 있다.

남쪽 가장자리
남쪽 가장자리의 사막으로 이루어진 고원에는 비가 거의 오지 않아 경사면을 침식할 물이 없다. 그래서 경사가 가파르고, 강은 절벽 아래에서 흐른다.

화석 발견
협곡의 암벽에서 발견된 화석들은 생물이 진화해 온 역사를 간직하고 있다. 협곡 밑바닥에서는 삼엽충 같은 고생대의 생물이, 꼭대기 근처에서는 파충류의 화석이 발견된다.

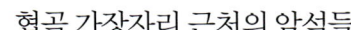

콜로라도 강
로키 산맥에서 시작해 몇몇 협곡을 빠르게 지나 사막 지대로 흘러드는 콜로라도 강은 생긴 지 3천만 년이 넘었다. 고원은 이보다 젊다.

깊은 계곡
고원이 융기되어 바다로 흐르는 강의 경사가 가팔라졌다. 강물의 흐름도 빨라져 큰 힘으로 강바닥의 암석을 깎아 협곡 바닥이 깊어졌다.

가파른 경사
고원의 급격한 융기는 지난 200만 년 동안 강물이 협곡을 심하게 침식했다는 것을 뜻한다.

그랜드캐니언의 역사
그랜드캐니언의 가장 깊은 곳에 20억 년 된 암석층이 있다. 깊은 골짜기 밑바닥에 있는 변성암은 옛날에는 오래 된 산맥의 일부였다. 그 산맥 위에 퇴적되었던 석회암, 이판암, 사암 등의 지층이 융기해 콜로라도 고원이 되었다. 융기에 의해 고원의 중앙부가 돔처럼 부풀었는데, 융기의 속도와 같이 강물의 흐름이 계곡을 점점 깊이 침식했다. 계곡 가장자리의 암석들은 2억 5천만 년쯤 되었다.

변성 작용
The Crust Changes

산맥 중심부에는 화성암과 퇴적암이 변해서 이루어진 변성암이 있다. 변성 작용은 근처에서 생긴 화성암의 열, 위쪽에 있는 산맥의 무게에 의한 압력, 또는 화학적인 반응에 의해 이루어진다. 열과 압력은 암석을 녹이지 않고 재결정이 이루어지게 한다. 평지에 변성암이 있으면 예전 그곳에 산맥이 있었다는 뜻이다.

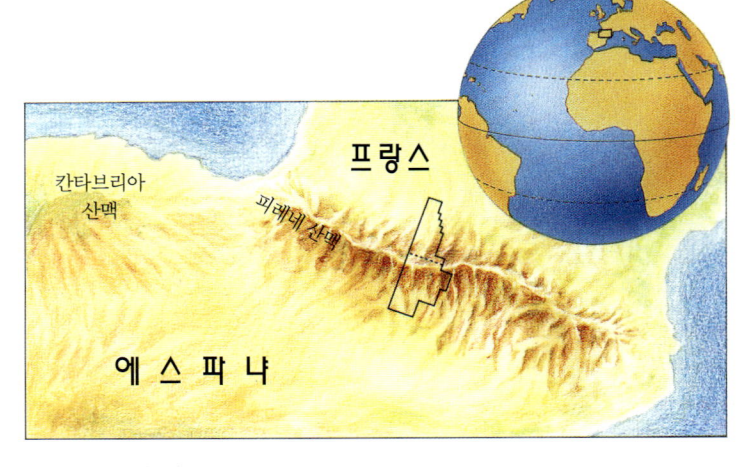

피레네 산맥
프랑스와 에스파냐 국경에 있는 길이 435km의 피레네 산맥은 가장 어린 산맥 중 하나이다. 지금도 계속 성장하고 있다.

변성암으로 이루어진 산맥
피레네 산맥(아래 그림) 중심부는 마그마가 솟아올라 생긴 화강암으로 이루어졌다. 뜨겁게 녹아 있는 화강암체가 솟아오르면서 주변 암석들에 열을 가하고, 그 암석들을 옆으로 밀어냈다. 수백만 년 된 퇴적암뿐 아니라 그보다 더 오래 된 화성암도 산맥 내부에서 변성되었다. 지금은 피레네 산맥 정상부의 암석들이 몇 킬로미터나 침식되어 변성암의 중심부가 밖으로 드러났다.

피코 데 발리비에나의 퇴적암층은 여러 차례 습곡되어 마침내 쓰러졌다. 습곡된 지층의 일부는 침식되었다.

습곡을 받는 퇴적암층
산맥 내부에서 수평으로 되어 있던 퇴적암층이 습곡을 받아 구부러진다. 즉, 산맥을 만드는 힘들이 지층을 습곡시켜 복잡한 지층으로 만든다. 그 뒤 산맥이 침식되어 지층이 드러난다.

에스파냐의 피코 데 발리비에나
왼쪽 사진의 습곡된 암석을 그림으로 나타냈다.

광역 변성 작용
산맥 내부를 포함해 넓은 지역에서 일어나는 변성 작용.

에스파냐의 라고 헬라다 습곡 지층
위 그림은 오른쪽 사진의 라고 헬라다 습곡 지층을 그린 것이다. 습곡 작용이 너무 강해서 위쪽과 아래쪽 지층이 거꾸로 되기도 했다. 습곡된 지층의 위쪽 일부는 침식에 의해 잘려 나갔다.

에스파냐의 오르데사 국립공원에 있는 라고 헬라다의 습곡된 암석층.

마그마가 올라와 이루어진 화강암의 단면

관입암
마그마가 관입(지층이나 암석을 뚫고 들어가는 것)하여 생긴 화강암질의 암석. 땅 속 깊은 곳에서 식어 굳어진 것인데, 침식에 의해 드러났다.

관입암 주위의 암석

피레네 산맥의 역사

1억 년 전, 유럽 대륙과 아프리카 대륙 사이에 있던 테티스 해는 지구 내부의 엄청난 힘이 아프리카 대륙을 북쪽으로 밀어붙이자 섭입대에서 모습을 감추었다. 현재의 이베리아 반도와 프랑스 사이에 있던 해저의 퇴적물은 뒤틀리고 으깨졌고, 습곡 작용을 심하게 받았다. 그래서 거대한 암석들이 다른 암석들 위에 놓여 피레네 산맥을 만들었다. 산맥 깊은 곳에 있는 암석들은 땅 속 깊이 밀려들어가 오랫동안 지구 내부의 뜨거운 열을 받아 재결정되어 변성암이 되었다.

2억 년 전
테티스 해의 해저와 해안선에 흙과 모래 등이 퇴적되었다.

1억 년 전
이베리아 반도와 프랑스가 충돌하여 산맥이 이루어지기 시작했다.

200만 년 전
오래 된 화강암이 습곡되고 단층된 암석을 밀고 올라가 산맥의 구조를 복잡하게 만들었다. 모든 암석이 열을 받아 변성되었다.

암석이 습곡을 받아 다른 암석 위로 밀려 올라갔다.

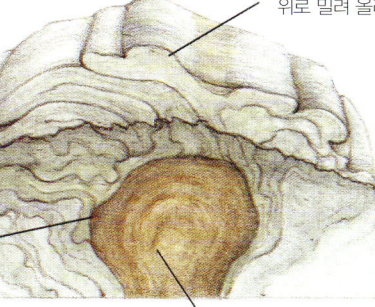

관입한 화강암에 가장 가까이 있는 암석은 열을 가장 많이 받았다.

산맥 깊은 곳에 있는 화강암의 관입암체

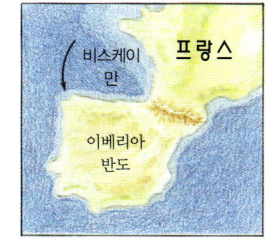

이베리아 반도의 이동
아프리카 대륙이 북쪽으로 이동하자 이베리아 반도는 유럽 대륙과 비스듬히 충돌했다. 이 충돌로 오래 된 해저의 퇴적물이 침식되었다. 지금의 지중해에는 테티스 해의 잔유물이 많이 남아 있다.

빙하에 의한 침식
피레네 산맥 높은 곳의 경사면은 신생대 빙기에 산맥을 덮었던 얼음에 의해 만들어졌다.

나이가 같은 산맥들
피레네 산맥은 세계에서 가장 젊은 조산대 가운데 하나이다. 유럽의 알프스 산맥과 카르파티아 산맥, 아시아의 히말라야 산맥과 나이가 같다.

위쪽 암석이 침식을 받아 없어지자 몇 킬로미터나 되는 깊이에서 이루어진 암석이 표면에 나타났다.

화강암 근처에 있는 습곡되고 변성된 암석

산맥 기슭
산맥 기슭에 있는 암석은 습곡과 변성을 적게 받는다.

피크 라 카나우의 중심에 있는 어두운 색의 암석은 더 쉽게 침식되어 사면에 골짜기를 만들었다.

프랑스의 피크 라 카나우
암석이 뻗어 있는 모습과 습곡된 곳 위 갈라진 곳의 모습을 볼 수 있다. 갈라진 곳은 침식을 더 많이 받았다. 습곡된 곳 꼭대기 부분은 모두 닳아 없어졌다.

암석은 어떻게 변성되는가?
암석이 압력과 열을 받으면 암석에 들어 있는 광물의 입자들이 구조를 달리 한다. 원자들은 압력이 높은 부분에서 낮은 부분으로 이동하기 때문에 고온·고압에서 안정된 새로운 광물이 성장한다. 어떤 종류의 변성암이 만들어지는가는 원암을 구성했던 성분, 변성의 원인, 열과 압력의 정도에 따라 달라진다.

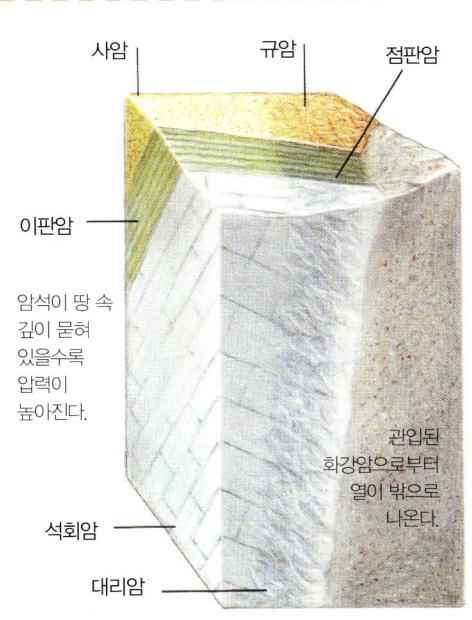

사암 / 규암 / 점판암 / 이판암 / 석회암 / 대리암

암석이 땅 속 깊이 묻혀 있을수록 압력이 높아진다.

관입된 화강암으로부터 열이 밖으로 나온다.

33

놀라운 지구
Amazing Earth

거대한 사막과 웅장한 폭포, 얼음에 덮여 있는 극 지역과 아름다운 화산 등 지구의 풍경은 놀랍도록 다양하다. 어떤 지형은 최근 수천만 년 동안에 일어난 침식 작용이나 조산 운동에 의해 생겼다. 똑같은 지질 활동에 의해 만들어진 지형이 수억 년 동안 거의 변하지 않는 경우도 있다. 세계의 지형은 '후두' 라는 바위기둥부터 '인셀베르그' 라는 섬처럼 생긴 구릉에 이르기까지 다양하다.

캐나다의 툰드라
여름이 되면 캐나다 북부와 시베리아 북극권에 습지가 펼쳐진다. 지하에 있는 땅은 항상 얼어 있기 때문에 여름에 지상에서 얼음이 녹은 물이 갈 곳이 없어져 늪지대를 이룬다. 짧은 여름이 끝나면 늪지대의 물이 다시 언다. 지구 표면 바로 아래에 있는 물은 얼 때 팽창하면서 흙을 밀어 올려 '핑고' 라는 작은 언덕을 만든다.

미국 유타 주의 브라이스캐니언
브라이스캐니언에는 부드러운 암석층으로 이루어진 뾰족한 봉우리, '후두' 가 있다. 아프리카어로 '정령' 이라는 뜻이다. 협곡에 있는 주황색의 석회암은 6,000만 년 전에 호수에 쌓인 퇴적물로 이루어졌다. 이 석회암은 바람과 눈, 비의 침식을 받아 다양한 색의 후두가 되었다.

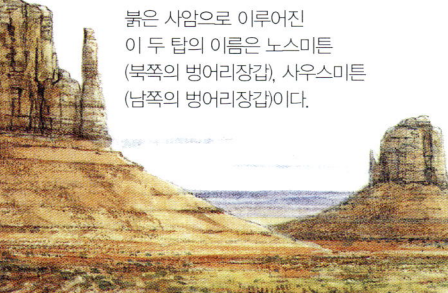

붉은 사암으로 이루어진 이 두 탑의 이름은 노스미튼(북쪽의 벙어리장갑), 사우스미튼(남쪽의 벙어리장갑)이다.

후두 아래에 떨어져 쌓인 바위 조각

미국 유타 주의 모뉴먼트밸리
모뉴먼트밸리에는 봉우리가 평평한 바위산들이 여기저기 서 있다. 수평을 이룬 퇴적암층 지층이 수십만 년 동안 침식되어 만들어졌다.

폭포가 평평한 고원 위에서 떨어진다.

브라질의 판타날
브라질의 오지는 우기가 되면 산지에 내린 비가 거대한 강으로 바뀐다. 강은 판타날이라는 습지대에 이르러 넓게 퍼져 땅이 물에 잠긴다. 비가 멈추면 수백 군데에 얕은 물웅덩이가 남는다.

습지대의 넓이가 영국 그레이트브리튼 섬만하다.

베네수엘라의 앙헬 폭포
길이 979m. 세계에서 가장 긴 폭포. 이름은 1935년에 이 폭포를 처음 발견한 '지미 엔젤' 이라는 비행기 조종사의 이름을 딴 것이다. 떨어지는 물은 바닥에 닿기 전에 하얀 안개로 변한다.

남극의 빙모
남극 대륙을 덮고 있는 거대한 빙모(높은 산꼭대기나 극 지역을 모자처럼 덮은 얼음)는 10,000년 이상 쌓인 눈이 얼어 만들어졌다. 두께가 4,500m가 넘는 곳도 있다. 트랜산타크틱 산맥의 가장 높은 꼭대기만이 빙모 위에 얼굴을 내밀고 있다.

빙모는 지구 얼음의 90% 이상을 차지한다.

알제리의 아하가르 산지

황량한 사하라 사막 평원에 장대한 아하가르 산지가 솟아 있다. 산지의 최고봉은 높이가 약 3,000m이다. 화성암으로 이루어졌는데, 그 중에는 '소리 나는 돌'이라는 뜻의 향암도 있다. 망치로 치면 아름다운 소리가 나는 암석이다.

향암은 식어서 길고 가는 모양으로 갈라져 아하가르 산지 표면에 이랑 무늬를 만들었다.

해마다 수천 명이 해돋이를 보려고 후지 산에 오른다.

일본의 후지 산

봉우리가 눈에 덮인 높이 3,776m의 후지 산은 수천 년 동안 화산 활동을 계속해 오고 있다. 마지막으로 불을 뿜었던 1707년에는 검은 화산재가 1,00km나 떨어진 도쿄까지 떨어졌다. '후지'는 일본 원주민인 아이누의 말로 '불'을 뜻하는 '후치'에서 비롯되었다.

유럽 아시아
아하가르 산지
아프리카
후지 산
구이린
태평양
인도양
올가
오스트레일리아
테이블 산
남극해
남극 대륙
남극의 빙모

중국 구이린의 언덕

중국 구이린에 있는 언덕들의 석회암은 수억 년 동안 빗물에 천천히 녹아 카르스트 탑(석회암 대지에서 발달된 침식 지형)을 이루었다. 언덕을 둘러싼 평지에 펼쳐져 있는 논은 석회암과 함께 물에 씻겨 떠내려 온 많은 찰흙층으로 이루어졌다. 풍화에 의해 이상한 모양이 된 바위들 사이로 강이 뱀처럼 구불구불 흐른다.

남아프리카의 테이블 산

남아프리카 테이블 산의 사암층은 5억 년 전에 퇴적되어 굳어졌다. 습곡을 받지 않고 융기하여 지층이 수평이다. 지금은 침식에 의해 지층이 대부분 사라졌지만, 독특한 테이블 모양의 바위는 남아 있다.

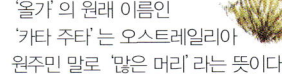

'올가'의 원래 이름인 '카타 주타'는 오스트레일리아 원주민 말로 '많은 머리'라는 뜻이다.

오스트레일리아의 올가

오스트레일리아의 모래가 많은 평원에 '올가'라는 붉은 바위산이 모여 있다. 이 평원은 그 아래에 있는 단단한 암석층이 풍화되어 생긴 모래와 찰흙에 덮여 있다. 그런데 이 표토가 침식되지 않아 시간이 지나면서 지표의 층이 두꺼워졌다. 그래서 암석층의 가장 높은 부분 외에는 모두 묻혀 버려 섬 모양의 바위산이 생겼다. 세계에서 가장 큰 암석인 '에어스 록'도 이렇게 해서 생겼다.

테이블 산은 케이프타운보다 1,087m 높은 곳에 있다.

물 *Planet Water*

지구 표면의 약 4분의 3이 바다에 덮여 있다. 가장 크고 오래 된 태평양은 지구 표면의 약 3분의 1을 차지한다. 태평양 가장자리에는 지구에서 가장 깊은 곳인 해구가 있고, 심해저는 대부분 퇴적물 층에 덮여 있다. 해양저 곳곳에는 봉우리가 평평한 산과 화산이 있으며, 지구에서 가장 긴 산맥들이 뻗어 있다. 얕은 바다가 각 대륙을 둘러싸고 있는데, 이 얕은 바다 아래에 있는 대륙의 가장자리 부분을 대륙붕이라고 한다.

해가 뜨는 섬
일본말로 '해가 뜨는 곳'이라는 뜻의 일본은 아시아 대륙 동쪽에 있는 열도이다. 태평양 연안을 따라 깊은 일본 해구가 있고, 아시아 대륙과의 사이에는 나이 어린 작은 바다인 동해가 있다.

해저의 퇴적물
얕은 해저에 두껍게 쌓여 있는 퇴적물은 해양 생물의 껍데기, 대륙에서 흘러든 모래와 진흙 등으로 이루어져 있다.

나이 어린 산맥
일본에는 경사가 급한 높은 산들이 많다. 어린 산맥의 암석은 빨리 침식되고, 침식에 의해 생긴 흙이나 모래는 강물을 타고 바다로 흘러든다.

흙, 모래 등이 사면 가장자리에 퇴적된다.

대륙 가장자리
대륙붕 끝에서 심해저까지 뻗은 대륙 사면은 가까운 대륙에서 흘러든 진흙, 모래 등 작은 물질들로 이루어진 퇴적물 층에 덮여 있다.

일본 해구
일본은 태평양 판이 유라시아 판 아래로 들어가는 섭입대에 있다. 오른쪽 그림은 일본 해구에서 해양저가 이웃한 대륙판 아래로 들어가는 모습이다. 하나의 판이 다른 판 아래로 충격을 주면서 들어갈 때 지진이 발생한다. 지진의 흔들림에 의해 때때로 해구 양쪽 사면에서 퇴적물이 떨어져 해구 밑바닥으로 폭포처럼 흘러내린다.

해저의 협곡
해저에 있는 진흙 퇴적물이 해구로 쏟아져 들어가면 해구 깊은 곳에 경사가 가파른 협곡을 만든다.

대서양 해안의 대륙 주변부
대서양 해안의 대륙붕은 대부분 넓고 얕다. 지질 활동이 거의 없다. 대서양 해안에는 섭입대가 없어 지진이나 화산 활동도 없다. 유럽 대륙과 아메리카 대륙이 떨어지고, 그 사이에 있는 대서양이 넓어져 대륙 주변부는 해령에 의해 밀려갔다. 빙기의 끝 무렵에 대륙붕 대부분이 바닷물에 잠겼다.

오래 전에 해안에서 밀려와 쌓인 퇴적물

해구
해구는 아주 깊고 좁다. 그리고 사면의 경사가 가파르다. 여기에 쌓인 퇴적물의 일부는 섭입하는 판과 함께 지구 내부로 들어간다.

활동하지 않는 가장자리에는 섭입대가 없어 지진도 거의 일어나지 않는다.

대륙 사면은 퇴적물이 많이 퇴적된 곳에서 끝난다.

대륙붕은 대륙의 일부이다.

육반구

아프리카, 아시아, 유럽 대륙은 대서양, 인도양, 남극해에 둘러싸여 있다. 남극해와 거대한 해저 산맥이 한가운데에 뻗어 있는 대서양은 대륙들이 서로 떨어질 때부터 지난 2억 년 동안 계속 확장되어 왔다. 같은 시기에 북쪽 대륙(로라시아 대륙: 아시아·유럽)과 남쪽 대륙(곤드와나 대륙: 아프리카·인도·남극)을 갈랐던 고대의 바다(테티스 해)는 줄어들어 지금의 지중해가 되었다.

아랄 해는 서아시아의 카자흐스탄과 우즈베키스탄 사이에 있는 짠물 호수이다. 농업용수로 많이 쓰기 때문에 호수가 얕아져 물의 증발이 더 빨라졌다. 호숫가에서 물이 빠지자 드러난 땅에 배들이 놓여 있다.

수반구

반구를 거의 다 차지한 태평양은 최대 폭이 지구 둘레의 절반 정도나 된다. 지구에서 가장 깊은 곳인 마리아나 해구(깊이 11,034m)가 있고, 해양저에서 솟은 25,000개 이상의 섬이 있다. 해양저가 수천만 년에 걸쳐 북서쪽 가장자리에서 섭입되지만, 남쪽과 동쪽에 있는 해령이 확장되어 새로운 지각이 만들어지기 때문에 태평양의 크기는 변하지 않는다.

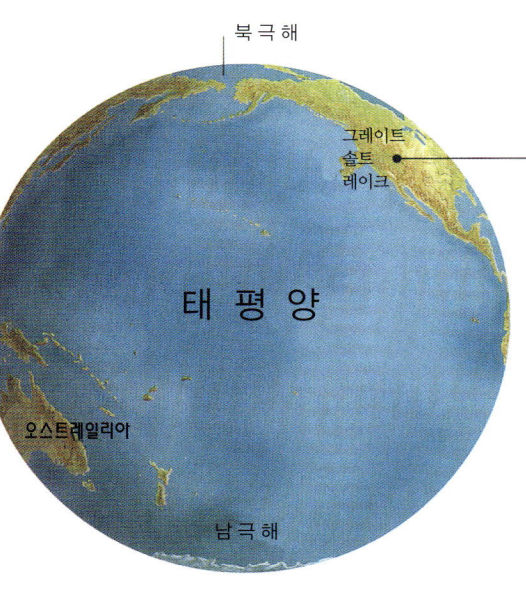

미국 유타 주의 그레이트솔트레이크(큰 소금 호수)와 사막. 호수 북쪽에 있는 넓은 소금 평원에서는 식물이 자라지 못한다. 호수가 둑에 의해 갈라져서 서로 다른 색을 띠고 있다. 왼쪽에서 강의 민물이 호수로 흘러드는데, 둑 때문에 염분이 많은 오른쪽으로는 흘러들 수 없다.

해저 화산
해양저에는 여기저기 화산이 있다. 어떤 것은 크게 자라서 해면 위로 솟아 섬이 된다.

기요
해수면 아래 꼭대기가 평평한 화산. 기요는 한때 바다 위에 떠 있는 섬이었지만, 파도의 침식에 의해 꼭대기가 평평해졌고, 해양저가 침강하자 함께 해수면 아래로 가라앉았다.

해양저의 나이
일본 아래로 들어가고 있는 해양저는 약 2억 년 되었다. 옛날에는 판탈라사 해양저의 일부였다. 초대륙인 판게아를 둘러싸고 있었던 판탈라사는 오늘날 태평양의 두 배 가까이 되었다.

해구 쪽으로 기울어지는 기요
꼭대기가 평평한 기요는 섭입하는 해양저에 의해 해구로 끌려가면서 기울어진다.

퇴적물
심해저에 적갈색 점토로 이루어진 퇴적층

마지막으로 퇴적되는 곳
심해저에 있는 퇴적물 속에는 고래의 뼈, 미생물들의 껍질, 우주에서 떨어진 운석 조각까지 있다.

바다의 깊이

- 유광대 (빛이 많이 들어오는 층) 0m
- 약광대 (빛이 약하게 들어오는 층) 226m
- 무광대 (빛이 들어오지 않는 층) 1,005m
- 해저

유광대와 약광대에는 산소가 많아 다양한 생물들이 살고 있다. 무광대는 깜깜하고, 차갑고, 압력이 너무 커서 생물이 거의 살 수 없다.

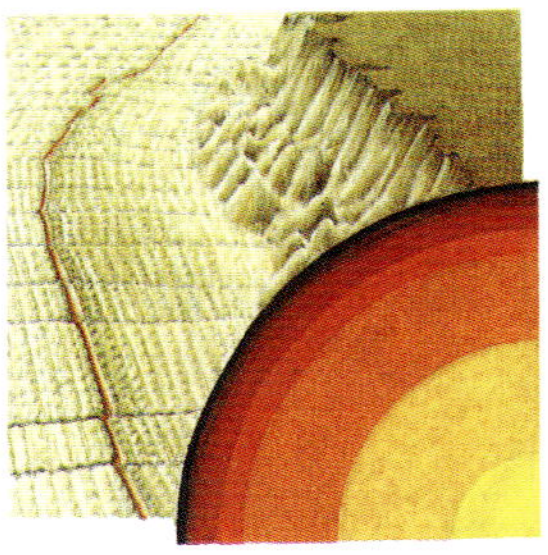

해양저 평원 *The Ocean Floor*

바다 깊은 곳에 지구에서 가장 긴 산맥인 중앙 해령이 뻗어 있다. 지난 2억 년 동안 해령에서 만들어진 해양저는 지구의 지각 가운데 가장 어리다. 2억 년 이상 된 해양 지각은 없다. 그러한 지각은 모두 대륙과 닿아 있는 섭입대에서 맨틀 속으로 들어갔기 때문이다. 새로운 지각은 해령 중심축을 따라 뻗어 있는 열곡(길고 좁은 골짜기)에서 만들어진다. 해령 중심축 양쪽의 지각이 서로 반대 방향으로 뻗어 갈 때 열곡이 생긴다. 양쪽 지각이 서로 멀어지면 열곡이 넓어져 갈라진 틈으로 마그마가 올라와 새로운 지각이 만들어진다. 온도가 낮은 해령의 사면을 따라 굴뚝처럼 생긴 곳에서 열수(지하에서 마그마의 열을 받아 뜨거워진 물)가 검은 연기처럼 뿜어져 나온다.

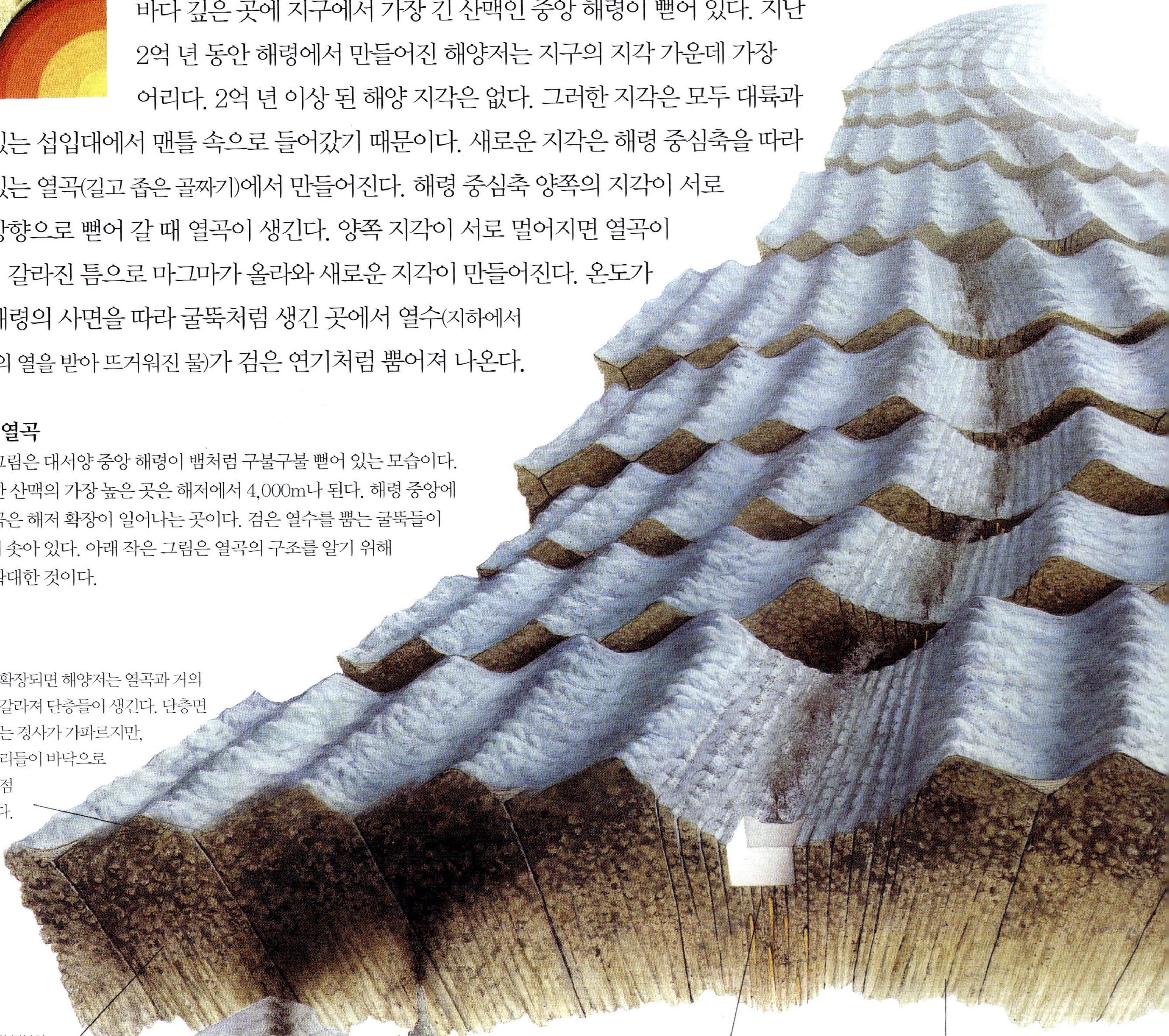

해령과 열곡

오른쪽 그림은 대서양 중앙 해령이 뱀처럼 구불구불 뻗어 있는 모습이다. 이 거대한 산맥의 가장 높은 곳은 해저에서 4,000m나 된다. 해령 중앙에 있는 열곡은 해저 확장이 일어나는 곳이다. 검은 열수를 뿜는 굴뚝들이 골짜기에 솟아 있다. 아래 작은 그림은 열곡의 구조를 알기 위해 일부를 확대한 것이다.

단층

해양저가 확장되면 해양저는 열곡과 거의 평행하게 갈라져 단층들이 생긴다. 단층면이 처음에는 경사가 가파르지만, 암석 덩어리들이 바닥으로 떨어져 점점 완만해진다.

베개 모양의 용암

맨틀에서 솟아오른 마그마는 철과 마그네슘이 많아 검은색을 띠는 현무암질 용암이 된다. 뜨거운 용암이 찬 바닷물 속에서 급히 식으면 둥근 베개 모양의 용암이 된다.

암맥

베개 모양의 용암 아래에는 세로로 된 암맥들로 이루어진 층이 있다. 암맥은 열곡의 갈라진 틈을 통해 올라온 마그마가 열곡 속에서 굳어 만들어진다.

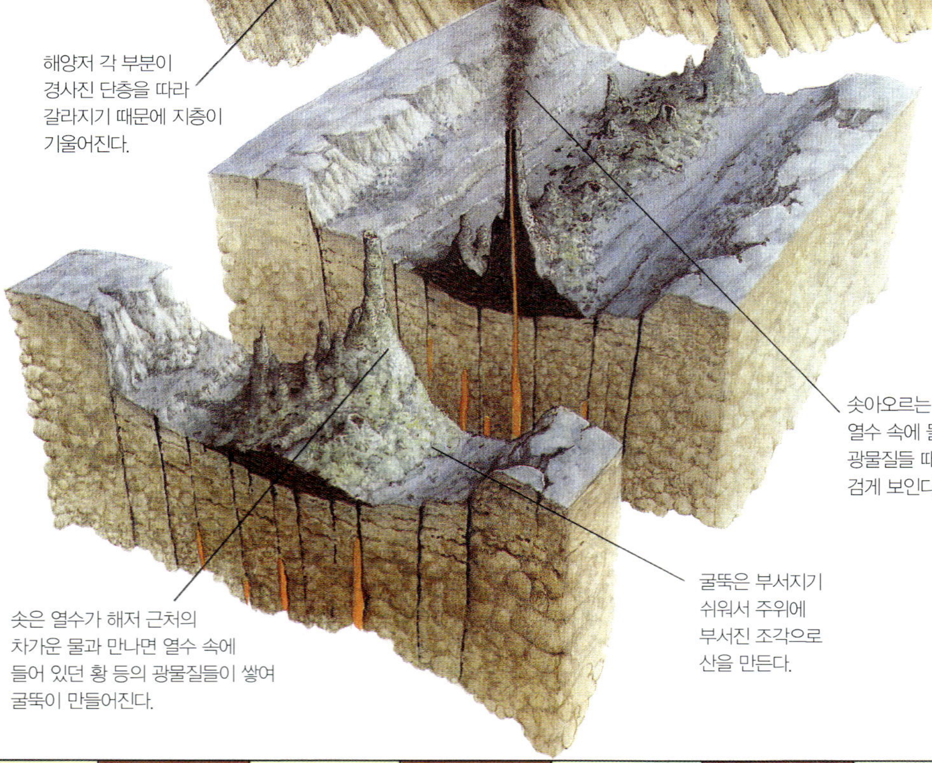

해양저 각 부분이 경사진 단층을 따라 갈라지기 때문에 지층이 기울어진다.

솟아오르는 열수는 열수 속에 들어 있는 광물질들 때문에 검게 보인다.

솟은 열수가 해저 근처의 차가운 물과 만나면 열수 속에 들어 있던 황 등의 광물질들이 쌓여 굴뚝이 만들어진다.

굴뚝은 부서지기 쉬워서 주위에 부서진 조각으로 산을 만든다.

열수를 뿜어내는 굴뚝

열수를 뿜어내는 굴뚝은 광물질이 쌓여 만들어졌다. 열수가 검게 보이는 것은 열수 속에 들어 있는 황화물의 작은 알갱이들 때문이다. 새로 만들어진 해저 암석의 갈라진 틈으로 바닷물이 내려가 황을 녹이고, 이 바닷물이 열곡 아래에 있는 마그마의 열을 받아 열수가 된다. 열수가 솟아오를 때 황과 그 밖의 광물질이 가라앉아 쌓여 굴뚝을 만드는데, 높이가 10m에 이르기도 한다.

 *초4 강과 바다, 지층을 찾아서·중2 지구의 역사와 지각 변동·고1 지구의 변동·고등 지구과학 I 살아있는 지구·고등 지구과학 II 지각의 물질과 지각 변동

심해의 신비
백년 전까지만 해도 심해저는 전혀 탐험되지 않았다. 사람들은 해저 도시에 관한 이야기와 얼음이 언 해저에서 돌아다니는 괴물 이야기를 그대로 믿었다. 당시 심해저는 프랑스의 소설가 쥘 베른이 지은 '해저 이만 마일'(왼쪽 그림)처럼 공상 소설의 무대였을 뿐이다.

대서양 중앙 해령
2억 년 전까지 서로 붙어 있던 유럽, 아프리카, 아메리카 대륙들 사이로 갈라진 틈이 생겨 넓어지면서 대서양 중앙 해령이 되었다. 해령이 확장됨에 따라 생긴 틈을 새로운 해양 지각이 메워 대서양이 만들어졌다. 해양저 암석의 생성 연대를 조사한 결과, 대륙에 가장 가까운 암석이 가장 오래 되었고, 현재 활동하고 있는 해령에 가까운 암석일수록 나이가 적었다. 아래 그림은 띠 모양으로 분포된 지각의 나이를 보여준다.

지구에서 가장 긴 산맥
길이 11,300km의 대서양 중앙 해령은 북쪽의 아이슬란드부터 남쪽의 남극해 끝까지 이어졌다.

변환 단층
확장되는 해령은 수십 킬로미터마다 변환 단층이라는 끊어진 곳에 의해 가로로 갈라져 있다. 변환 단층은 해령의 축을 직각으로 가로질러 지각을 작은 부분들로 나눈다.

확장되는 해령을 가른 변환 단층이 있는 곳보다 훨씬 먼 곳까지 뻗은 갈라진 틈.

베개 모양의 용암
베개 용암의 바깥 부분은 빠르게 식어 굳어져 검은 껍데기를 만들지만, 안에는 붉고 뜨거운 액체 상태의 마그마가 있다. 그 마그마가 껍데기를 부수고 흘러 나와 새로운 베개 모양의 용암이 된다. 이 용암들은 겹겹이 쌓여 거대한 층을 이루어 해양 지각의 맨 위쪽 부분이 된다.

북아메리카 **유럽**

2억 년 전 가장 오래 된 지각은 대륙에서 가장 가까운 곳에 있다.

6,500만 년~ 1억 4,000만 년 전 공룡이 살던 때 생긴 지각

2,000만년~ 6,500만 년 전 피레네 산맥과 히말라야 산맥이 생긴 때 이루어진 지각

200만 년~ 2,000만 년 전 히말라야 산맥이 아주 높이 솟아오른 시대에 이루어진 지각

현재~200만 년 전 가장 새로운 지각은 해령 가까이에 있다.

아프리카 **남아메리카**

지각의 이동
땅 속의 마그마가 위쪽에 있는 대륙 지각을 밀어 올리면 대륙 지각이 갈라져 넓어진다.

열곡
대륙 지각이 깨져 벌어지면 가운데가 내려앉아 열곡이 만들어지고, 마그마가 올라와 열곡의 갈라진 틈을 메운다.

골짜기에 바닷물이
열곡이 더 벌어지면 새로운 틈들이 생겨 골짜기가 깊어진다. 이 깊어진 분지로 바닷물이 들어온다.

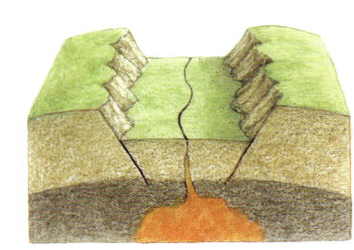

홍해 탄생
동아프리카에 있는 홍해는 대서양과 마찬가지로 확장되는 해령에 의해 만들어졌다. 수백 만 년 전, 아라비아 반도가 아프리카로부터 떨어지기 시작할 때 생겼다. 처음에는 지하에서 마그마가 올라와 지각의 갈라진 틈으로 현무암질 용암을 분출했다. 이후 용암 분출은 확장되는 해령의 중앙부에 집중되었고, 결국 바닷물이 골짜기를 채워 현무암층이 새로운 해양저가 되었다. 홍해는 현재 폭이 약 300km이지만, 수백만 년이 지나면 대서양만큼 넓어질 것이다.

굴뚝에서 솟는 열수는 온도가 300℃에 이른다. 황이 녹아 있는 물은 대부분의 동물들에게 독이 되지만, 굴뚝 근처에서 사는 어떤 박테리아에게는 영양분이 된다.

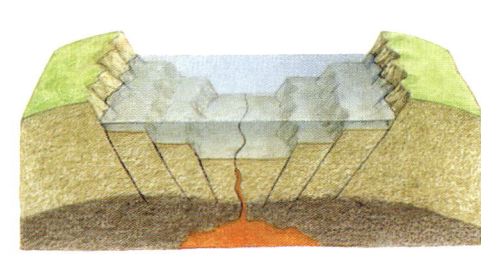

강 *The Life of a River*

높은 산악 지대에서 비롯된 작은 급류가 여러 지형을 거쳐 크고 잔잔한 강이 되어 바다로 흘러든다. 개울이나 강에는 땅 위에서 흐르는 물뿐만 아니라 암석을 뚫고 나온 지하수도 흘러든다. 큰 대륙에서 강은 대부분 해안 근처에 있는 산에서 시작된다. 그 중에는 먼 해안까지 옛날부터 흐르던 길을 통해 긴 여행을 하는 강도 있고, 내륙에 있는 호수나 바다로 흘러드는 강도 있다.

나일 강이 흐르는 길
길이 6,670km의 나일 강은 북쪽으로 사하라 사막을 지나 지중해로 흘러든다. 옛날에는 홍해로 흐르는 동쪽의 좀더 짧은 길이 있었지만, 산맥이 새로 생겨 막혀 버렸다.

강의 탄생
비와 눈 녹은 물이 많은 산악 지대에서는 강물이 힘차게 흐른다. 개울들이 바위투성이의 경사진 곳을 지나면서 골짜기를 더 가파르고 깊게 깎는다. 지금도 계속 지구 내부에서 밀어 올리는 힘을 받아 천천히 높아지고 있는 산들은 골짜기가 가파르고 폭포가 많다. 그리고 이러한 산은 구름을 식혀서 많은 비와 눈을 내리게 해 강물이 마르지 않는다.

빅토리아 호
나일 강 상류의 가장 중요한 수원. 최근에 융기한 고원 위에 있다.

카발레가 폭포
깎아지른 듯한 절벽에서 강물이 39m 이상 흘러 떨어진다. 이 폭포 주위에는 융기하고 있는 우간다의 산들이 있다.

급류
강물이 바위 위에서 흐를 때 만들어지는 급류는 여러 방향으로 아주 사납게 흐른다. 폭포 근처에 많다.

늪지대
나일 강은 수드 지방의 갈대가 무성한 늪지대에서 천천히 흐른다. 이 지역은 전에 호수였다.

강의 합류
나일 강의 두 주요 지류인 백나일과 청나일이 수단의 하르툼 시 근처에서 합류한다.

폭포 아래에 있는 깊은 웅덩이(용소)

바다로 가는 길
강물은 강의 발원지에서 가까운 산 속에서는 급하게 흐르다가 바다에 가까워질수록 느려진다. 물이 흐르는 곳의 경사가 점점 완만해지기 때문이다. 강물이 호수에 이르면 흐름이 느려져서 운반해 온 자갈과 모래, 진흙 따위를 호수 바닥에 쌓는다. 그리고 단단한 바위 위에서 흐르던 강물이 부드러운 바위 위를 흐르면 부드러운 바위가 깎여 폭포가 생긴다.

와디(말라 버린 강)
빙기에 이곳에는 비와 눈이 많이 내려 홍해 근처에 있는 산들에서 비롯된 강들이 나일 강으로 흘렀다. 그러나 그 강들은 이후 말라 버렸다.

지류
청나일은 우기에 호우가 내리는 에티오피아의 산악 지대에서, 백나일은 동아프리카에서 물을 운반한다. 본류에 합류하는 이러한 작은 강을 지류라고 한다.

굽이쳐 흐르는 달링 강. 오스트레일리아 뉴사우스웨일스 주 문가리 근처의 암석이 많은 곳을 가로질러 흐른다.

굽이쳐 흐르는 강

강은 평지에서 큰 곡선을 그리며 흐른다. 이러한 곡류는 점점 커지고 넓어진다. 곡류의 바깥쪽 강물이 빠르게 흐르면서 강가를 깎기 때문이다. 곡류 안쪽은 흐름이 느려 물이 운반해 온 흙과 모래 등이 바닥에 쌓인다. 강이 지나치게 구불구불 해지고 홍수가 나서 물의 흐름이 세차면 강은 곡류와 곡류 사이를 뚫고 직선으로 나아간다. 그러면 곡류 부분은 강에서 떨어져 쇠뿔 모양의 호수(우각호)가 된다.

나일 강의 협곡

강의 경사는 해수면 높이와 관계가 있다. 500만 년 전, 지중해가 완전히 말라 버렸을 때 지중해로 향하는 강들은 지금보다 2,000m나 낮은 지중해로 흘러들었다. 나일 강은 물이 마른 지중해 바닥과 높이를 맞추기 위해 강바닥의 암석층을 깎아 아주 가파른 협곡이 만들어졌다. 미국의 그랜드캐니언과 비슷한 나일 협곡은 아스완까지 1,000km나 뻗어 있었다. 시간이 지나 지중해에 물이 차서 해수면이 상승하자 강은 흙과 모래 등을 운반해 와 협곡을 메웠다.

500만 년 전
지중해가 말라 해수면이 사라지고 바닥이 드러났다. 나일 강은 이 바닥과 높이를 맞추기 위해 깊은 협곡을 만들었다.

현재
그 뒤 다시 물이 차서 해수면이 높아지자 협곡은 강의 수위를 높이기 위해 자갈, 모래, 진흙 등으로 메워졌다.

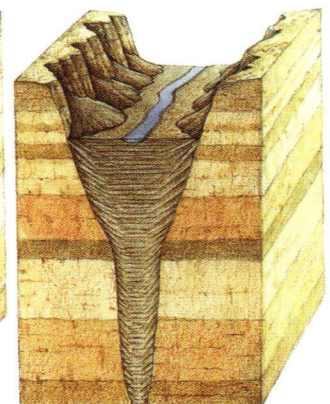

삼각주

강은 특히 홍수가 나면 많은 자갈과 모래, 진흙을 운반한다. 강이 바다에 이르면 속도가 줄어 강어귀에 운반 물질을 쌓는다. 얕은 바다에서는 운반 물질이 두껍게 쌓여 얕은 바다에서 더 이상 쌓일 곳이 없으면 좀더 먼 바다 밑에 넓게 쌓인다. 그래서 강어귀 근처에 작은 물줄기들이 있는 삼각형의 새로운 습지, 삼각주가 만들어진다. 삼각주를 영어로는 '델타'라고 하는데, 그리스 글자 델타(Δ)에서 비롯되었다. 우리나라에는 압록강과 낙동강에 삼각주가 있다.

미국 루이지애나 주에 있는 미시시피 강의 삼각주. 모양이 마치 새의 발처럼 생겼다.

캐터랙
강물은 딱딱한 화강암 지대를 지나갈 때 희고 큰 거품을 내는 격류가 된다. 이것을 캐터랙(폭포 또는 급류)이라고 한다. 나일 강에는 캐터랙이 여섯 곳 있는데, 첫 번째는 아스완에 있다.

사하라 사막
나일 강은 사하라 사막을 2,375km나 지나 지중해에 이른다. 비가 거의 오지 않는 사하라 사막에는 나일 강의 지류가 없어 멀리 나일 강 상류에 있는 산악 지대에서 물을 끌어 온다.

넘친 물
홍수가 나면 나일 강의 물이 넘쳐 땅을 기름지게 한다. 사막 한가운데에 초목이 무성한 녹색의 길고 가느다란 띠를 만든다.

나일 강의 삼각주
나일 강은 넓어지고 있는 삼각주에서 속도가 매우 느린 많은 물줄기로 나누어진다.

울퉁불퉁한 강바닥
캐터랙의 울퉁불퉁한 바닥은 해마다 범람하는 강물이 하얀 거품을 일으키며 흐르게 한다.

새로운 땅
강 상류에서 운반되어 온 돌과 흙, 모래가 삼각주에 새로운 땅을 만든다. 처음엔 습지였다가 나중에 마른다.

해안선 Coastlines

바다와 육지가 만나는 곳에서는 몰아치는 파도와 단단한 암석이 서로 작용하여 해안선을 만든다. 파도는 해안에 끝없이 밀려와 암석의 약한 부분을 마모시킨다. '만'은 해안 암석의 약한 부분이 깎여 생긴 것이다. 단단한 암석으로 된 절벽도 파도에 의해 아랫부분이 깎여 때때로 암석 폭포가 되어 붕괴된다. 부서진 암석 조각들은 파도에 의해 작은 것들은 바다 멀리 운반되고, 큰 것들은 남아 해안을 만든다. 모래와 자갈들은 퇴적되어 손가락 모양의 땅을 해안에 만들 수도 있다.

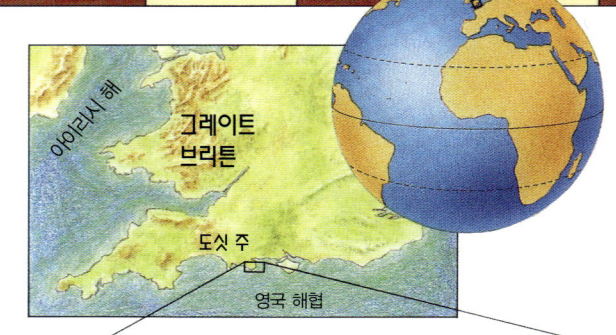

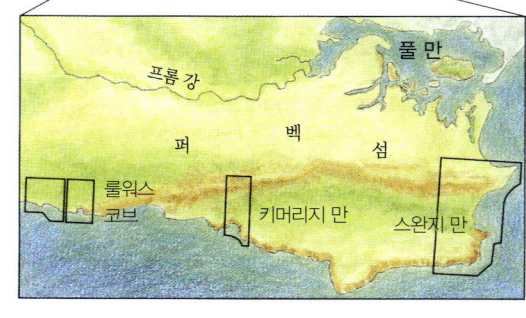

영국 도싯 주의 해안
영국 도싯 주의 해안선은 영국과 프랑스 사이에 있는 영국 해협을 따라 뻗어 있다. 아래 그림에서 바다가 어떻게 해안선을 변화시키는지 도싯 해안을 예로 들어 설명했다.

바위 절벽(해식애)
화강암과 석회암의 단단한 절벽으로 되어 있는 해안선은 파도에 웬만큼 견딜 수 있어 침식이 더디게 진행된다. 우리나라는 울릉도 해안, 전라도 홍산, 강원도 해금강 등이 유명하다.

사취와 사주
파도나 연안 해류에 의해 운반된 모래나 자갈이 바다 쪽으로 둑처럼 가늘고 길게 퇴적되어 이룬 지형을 사취라고 한다. 사취가 섬과 육지를 연결하면 사주라고 한다.

바위 위쪽의 구멍
파도가 바위의 갈라진 틈으로 밀고 들어가면 틈 속에 있는 공기를 밀어 내어 파도가 칠 때마다 바위 위쪽에 있는 구멍에서 물보라가 인다.

해안의 암석들
암석이 단단해서 침식을 덜 받은 곳에서는 곶이 만들어지고, 암석이 부드러워 침식을 많이 받은 곳에서는 만이 만들어진다. 그래서 도싯 해안의 지형은 불규칙하다.

층을 이룬 암봉
단단한 석회암과 부드러운 점토가 번갈아 쌓인 층이 바다로 뻗은 일련의 암봉(바위 시렁)을 받치고 있다.

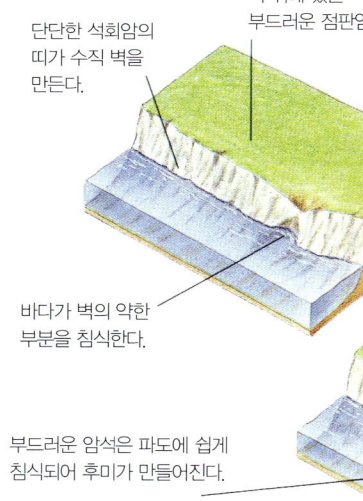

육지 깎아내기
파도가 단단한 암석의 벽을 깎으면 그 뒤에 있는 부드러운 암석은 쉽게 깎인다. 먼저, 만조 때에 소용돌이치는 파도의 침식에 의해 작은 후미가 만들어진다. 파도는 후미의 가장자리를 침식하여 넓히고 만을 만든다.

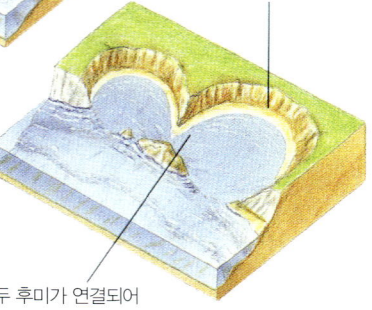

영국의 도싯 해안
단단한 암석과 부드러운 암석이 번갈아 쌓인 도싯의 해안은 조금 습곡된 지층으로 되어 있다. 파도를 막을 수 있는 단단한 암석층도 있지만, 습곡은 단단한 암석의 일부를 깨뜨려 파도의 침식을 받기 쉽게 한다. 부드러운 암석층은 바다의 침식을 쉽게 받아 낮은 땅이 된다. 도싯의 바닷가에 있는 아주 단단한 자갈들은 파도의 힘을 약화시켜 파괴적인 파도로부터 해안을 보호한다.

지하수 *Underground Water*

물이 지하에서 암석의 좁고 구불구불한 틈으로 천천히 흐르고 있다. 지하수는 대부분 땅 속에 스며든 빗물이다. 어떤 빗물은 재빨리 지하의 암석을 통해 몇 시간, 며칠, 또는 몇 주일 후 강이 있는 골짜기로 흘러나온다. 아주 먼 곳까지 몇 천 년 동안 땅 속에서 천천히 흐르는 지하수도 있다. 이처럼 오랫동안 땅 속에서 흐르는 지하수는 암석에 들어 있는 광물질을 녹여 암석의 틈을 조금씩 넓히고 마침내 땅 속에 거대한 동굴을 만든다. 동굴 속에서 흐르는 지하의 강이 다시 동굴 안쪽을 깎는다.

버거 동굴의 단면도. 아래 그림들은 각 부분을 확대한 그림들이다.

지하의 미궁

수천만 년 전에 만들어진 버거 동굴은 물길과 방으로 이루어졌다. 동굴 입구는 높은 석회암 고원에 뚫린 구멍이다. 동굴의 어떤 곳에서는 강이 흐르고 있다. 강물은 22km에 걸쳐 1,200m를 내려가 땅 위로 나오거나 푸론 강에 흘러든다. 우리나라에 있는 석회암 동굴로는 삼척의 환선굴, 초당굴, 정선의 화암굴, 영월의 고씨굴, 단양의 노동굴, 울진의 성류굴 등이 있다. 제주에 있는 김녕사굴, 만장굴, 협재굴은 용암 동굴이다.

프랑스의 버거 동굴

프랑스 남동부 그르노블 시 근처 베르코 산맥 아래에 있다. 이곳의 석회암으로 이루어진 지형은 동굴과 지하에서 흐르는 강에 의해 벌집처럼 되어 있다.

땅 위로 나오는 강

차갑고 어두운 동굴 속에서 흐르는 동안 강은 석회암이나 그 밖의 광물질을 녹인다. 강이 땅 위로 나오면 석회가 많이 포함된 물이 햇볕에 데워져 물속의 석회분이 석회화(작은 구멍이 많은 탄산석회 침전물)가 된다.

종유석은 철분을 많이 포함한 적토 때문에 적갈색을 띤다.

종유석과 석순이 자라서 이어지면 석회 기둥이 된다.

커널

13의 홀

석순이 바닥에서 자란다.

물웅덩이가 광물질의 딱딱한 껍데기에 덮인다.

물이 석회암을 녹여 동굴 벽에 구멍을 만든다.

지하의 강

계곡에서는 석회암에서 물이 솟아 흐른다.

석회분이 침전되어 만들어진 석회화

지하에서 흐르는 강

버거 동굴의 어느 곳에서는 물이 통로를 따라 흐르면서 동굴을 만든다. 동굴 속에 있는 호수나 강의 물 높이는 변화가 심하다. 밖에서 비가 오면 동굴은 곧 물로 채워지지만, 건조하고 더운 날이 계속되면 물 높이가 내려간다.

물웅덩이

위 그림의 계단처럼 생긴 것은 탄산칼슘을 많이 포함한 물이 사면에서 흐른 뒤에 탄산칼슘이 가라앉아 생긴 물웅덩이이다. 물이 넘치면 계단의 다른 단을 만든다.

세계에서 가장 큰 동굴

보르네오에 있는 사라와크 동굴. 길이 700m, 폭 430m, 높이 120m.

남극과 북극 Ice Regions

남극 대륙과 북극에 있는 빙모(모자처럼 덮고 있는 영구 빙설)는 엄청나게 많은 물이 얼어붙은 것이다. 그 양은 전세계 담수호(민물 호수)의 물을 모두 합친 양의 백 배나 된다. 이 얼음을 만든 물은 대부분 바닷물에서 왔다. 바닷물은 따뜻한 공기가 순환함에 따라 끊임없이 증발하고, 증발한 수증기는 축축한 구름이 되어 추운 지역이나 산악 지역에서 눈이 되어 내린다. 눈이 몇 년 동안 두껍게 쌓이면 굳어져 빙하의 얼음이 된다. 인류의 조상이 나타난 홍적세의 큰 빙기에 북아메리카 대부분과 발트 해의 모든 지역은 빙모에 덮여 있었다. 당시에는 지구의 해수면이 지금보다 훨씬 낮았다.

북극의 빙산이 폭풍에 의한 파도의 침식을 받아 뾰족해졌다. 북극의 빙산은 바닷물이 언 것이고, 빙상이나 빙하에서 떨어져 생긴 것은 담수가 언 것이다.

얼어붙은 남극 대륙
거대한 빙상(대륙에 있는 빙하)이 남극 대륙 대부분을 덮고 있다. 수만 년 동안 쌓인 남극의 빙상은 두께가 4,500m를 넘는다. 빙상은 대륙 변두리의 땅이 낮은 쪽으로 바다를 향해 천천히 움직이다가 해안선에 이르면 얼음이 얇아진다. 빙상 가장자리에서 거대한 얼음 덩어리가 떨어져 나와 바다 위에서 떠도는 빙산이 된다.

떠다니는 해빙
남극 빙상 가장자리는 해빙(바다 얼음)이 되어 퍼져 나간다. 해빙은 염분이 많고 바닷물보다 밀도가 낮아 바다에 뜬다.

빙하는 너너택(빙하에 둘러싸인 작은 언덕이나 뾰족한 봉우리)을 피해 구불구불 흐른다.

수천 년 전에 우주에서 떨어진 운석이 빙하 표면에 드러나기도 한다.

떠다니는 빙산
바다에 떠 있는 빙산은 빙산 전체의 작은 부분에 불과하다. 대부분은 해수면 아래에 잠겨 있다. 얼음 속에는 빙상이 해안으로 이동할 때 깎은 남극 대륙의 암석 조각이 들어 있다.

빙하들 사이에서 모습을 드러낸 뾰족한 산봉우리를 너너택이라고 한다.

해저의 퇴적물
해저는 점토와 모래의 층에 덮여 있고, 여기저기 둥근 돌이 있다. 이 모든 퇴적물은 빙산이 녹아서 그 속에 있던 것들이 가라앉은 것이다.

얼음에 덮인 남극 대륙
95%가 얼음에 덮여 있는 남극 대륙은 면적이 미국의 1.5배쯤 된다. 남극 대륙이 항상 얼어 있었던 것은 아니었다. 약 3,500만 년 전, 판게아 대륙이 쪼개질 때 남극 대륙이 다른 대륙들로부터 완전히 떨어져 나오면서 남극의 기후가 변하기 시작했다. 차가운 남극 해류가 남극 주위를 순환하여 남극 대륙이 따뜻한 열대 해류의 영향을 받지 못하게 됐다. 그래서 남극 대륙에서는 폭설이 내려 빙상이 성장했다.

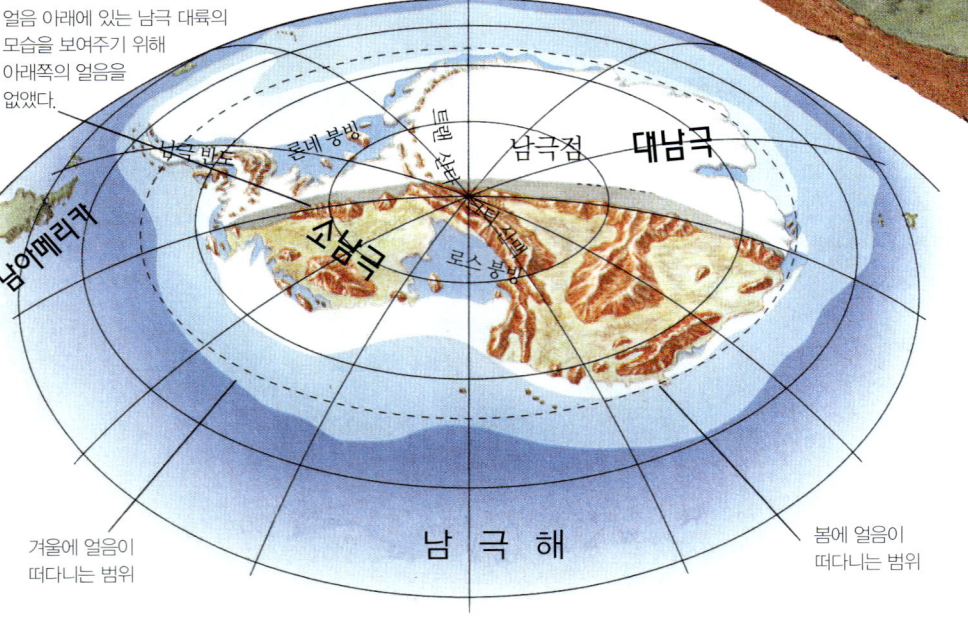

얼음 바다 북극해

북극에는 대륙이 없지만, 북극권은 북극해와 북아메리카·유럽·아시아의 북쪽 지역, 그린란드, 작은 섬들을 포함하고 있다. 북극해는 바닷물이 얼어 염분이 포함된 해빙에 덮여 있다. 해빙 둘레에서는 많은 부빙(떠돌아다니는 얼음)들이 떠다니면서 해류의 움직임에 의해 서로 부딪쳐 깨져 해빙 가장자리에 달라붙는다. 부빙이 생기는 지역은 계절에 따라 변하는데, 여름에는 반쯤 녹는다. 북극 주변의 땅과 섬에서는 빙하가 발달했다. 기온이 너무 낮아 땅 속 깊은 곳까지 얼어 녹지 않는 지역을 영구 동토라고 한다.

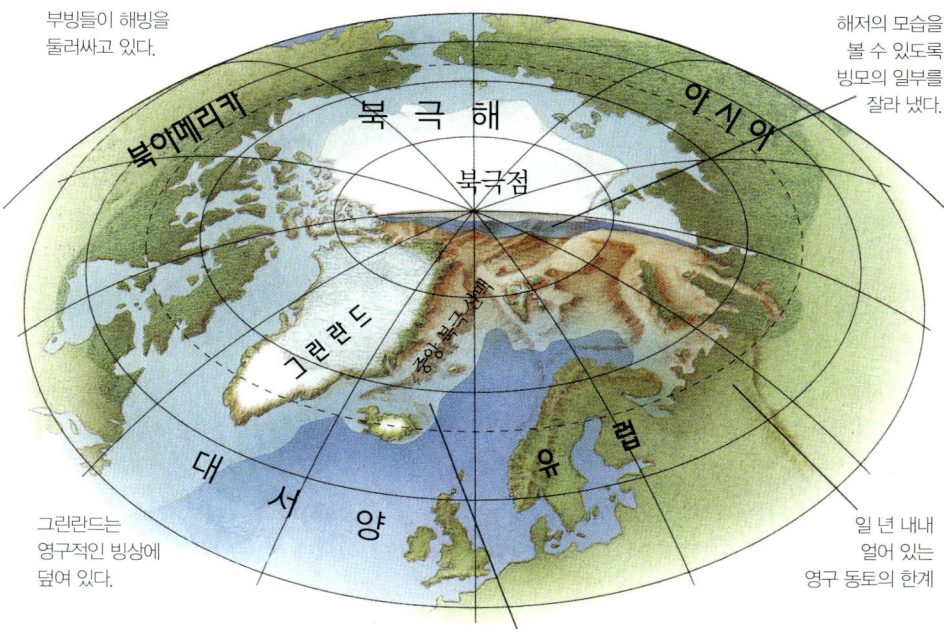

부빙들이 해빙을 둘러싸고 있다.

해저의 모습을 볼 수 있도록 빙모의 일부를 잘라 냈다.

그린란드는 영구적인 빙상에 덮여 있다.

일 년 내내 얼어 있는 영구 동토의 한계

부빙이 떠돌아다니는 범위의 한계

빙하의 얼음에 깎여 협약해진 산꼭대기

남극점에 있는 빙상의 두께는 2,800m, 이 빙상 아래에 있는 대륙의 높이는 해수면과 거의 같다.

얼어 있는 산꼭대기
빙상은 바다 쪽으로 흐르는 도중에 산꼭대기를 만나면 돌아간다. 산꼭대기에서 부는 차갑고 건조한 바람이 얼음 윗부분을 증발시켜 수천 년 전 우주에서 떨어져 얼음 속에 묻혔던 운석을 드러낸다.

압력을 받아
남극 대륙을 덮고 있는 얼음의 표면은 해수면보다 높지만, 대륙 자체는 대부분 얼음에 눌려 해수면보다 낮다. 빙상 아랫부분에 있는 얼음은 위쪽 얼음 무게의 압력을 받아 천천히 재결정된다. 백만 년 전에 내린 눈으로 이루어진 것도 있다.

빙상의 성장
빙상이 스칸디나비아 반도 위에서 성장하고 있다. 빙상이 넓어지고 두꺼워지면서 얼음의 무게가 육지의 무게와 합쳐져서 연약권(딱딱한 지구 표면 아래에 있는 부드러운 층)을 누른다. 빙상은 연약권이 가라앉는 속도보다 더 빨리 두꺼워지고 높아진다.

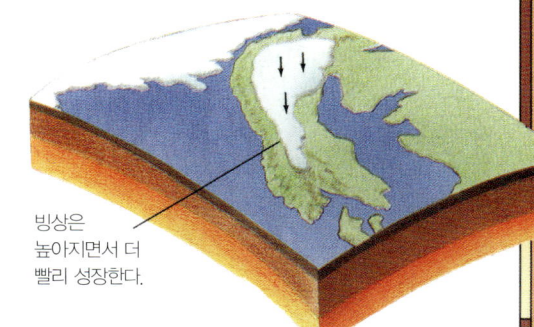

빙상은 높아지면서 더 빨리 성장한다.

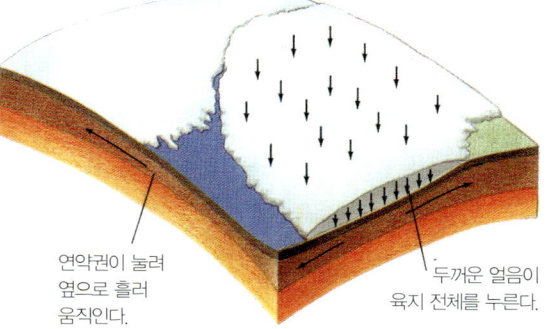

연약권이 눌려 옆쪽으로 흘러 움직인다.

두꺼운 얼음이 육지 전체를 누른다.

빙상에 의한 침강
빙상이 충분히 발달하면 연약권이 흘러 움직여 땅이 침강한다. 그러면 빙상은 더 이상 높아지지도, 기온도 내려가지 않아 강설량이 줄면서 작아지기 시작한다.

육지의 융기
빙상이 녹으면서 지금은 연약권이 천천히 옛날의 제자리로 돌아오고 있다. 발트 해 아래에 있는 판도 다시 상승하여 언젠가는 바다가 육지로 바뀔 것이다.

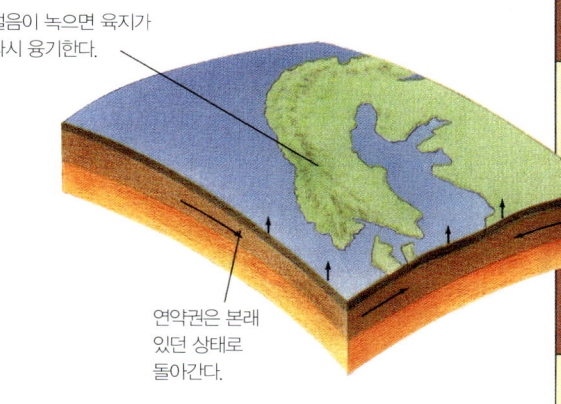

얼음이 녹으면 육지가 다시 융기한다.

연약권은 본래 있던 상태로 돌아간다.

남극의 로스 해는 빙상이 바다로 튀어나온 부분인 붕빙에 덮여 있다. 빙상 가장자리에서 쪼개져 나간 빙산이 여기저기 떠 있다.

지각 평형
대륙을 덮고 있는 빙상의 무게는 말랑말랑한 암류권 위에 떠 있는 판의 균형을 변화시킨다. 빙상이 성장하면 연약권이 옆쪽으로 흘러가 판이 가라앉고, 얼음이 녹으면 연약권이 천천히 원래의 자리로 되돌아와 판이 상승한다. 이러한 육지의 변화를 지각 평형이라고 한다. 위의 세 그림은 3만 년 전에 있었던 스칸디나비아 반도의 빙상에 의한 지각 평형을 보여준다.

영국 스코틀랜드에 있는 멀 섬의 융기 해안. 땅이 융기하여 이전의 해안선이 지금은 높고 건조한 곳이 되었다.

47

빙하 Rivers of Ice

세계 곳곳의 산악 지대 계곡에서 빙하가 뱀처럼 구불구불 흐르고 있다. 이 거대한 얼음 덩어리들은 눈이 점점 두껍게 쌓여 그 무게 때문에 눈의 결정이 얼음의 결정으로 변해 만들어진 것이다. 그린란드나 남극에 있는 빙상처럼 모든 방향으로 흐르는 빙하도 있고, 애서배스카 빙하처럼 계곡을 따라 아래로 흐르는 빙하도 있다. 하루 1m 미만으로 느리게 흐르는 빙하는 계곡의 벽과 바닥을 깎아 암석 조각 등을 하류로 운반한다. 계곡 아래쪽에서는 빙하가 녹으면서 운반해 온 바위와 자갈, 모래, 흙 등이 퇴적되어 큰 산을 이룬다. '빙하'는 얼음덩이가 강처럼 흐르는 것을 가리키기도 하고, 얼음덩이 자체를 가리키기도 한다.

애서배스카 빙하
캐나다 서부 앨버타 주의 로키 산맥에 있다.

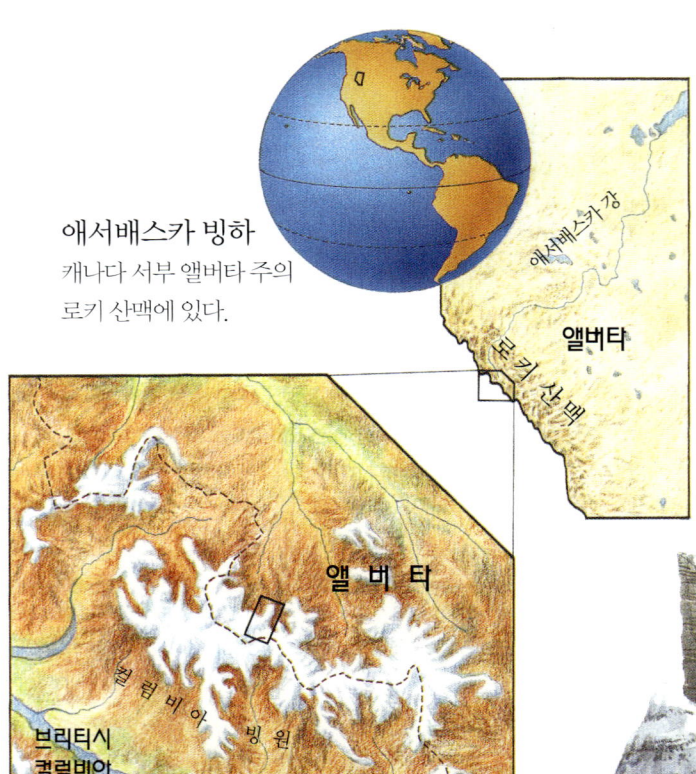

애서배스카 빙하
높이 3,474m의 컬럼비아 산을 중심으로 눈 덮인 산지에 컬럼비아 빙원이 펼쳐져 있다. 이곳에서 애서배스카 빙하가 흐르기 시작한다. 한때 옆 계곡들의 빙하는 모두 주빙하의 일부였지만, 지금은 얼음의 높이가 너무 낮아져서 주빙하에 합류하지 못하고 주계곡 위쪽에 고립되어 있다. 빙하는 운반해 온 돌, 자갈, 모래 등을 빙하 끝에 퇴적시켜 작은 언덕인 빙퇴석을 만든다. 애서배스카 빙하가 녹은 물이 원류인 애서배스카 강은 수천 킬로미터 떨어진 북극해와 허드슨 만으로 흘러간다.

매달린 계곡
이 계곡은 오래 전에 빙하에 의해 깎여 지금은 주계곡의 위쪽과 옆쪽에 매달리듯이 있다.

빙하의 얼음이 녹은 물이 노르웨이의 빙하 끝에 있는 바위 주변에서 흐르고 있다. 바위는 얼음 속에 들어 있던 모래 등에 갈려 아주 매끈하다.

빙하의 끝부분은 바위 조각과 모래, 흙 등이 있어 회색을 띤다.

옛 빙하가 남긴 빙퇴석

달걀 바구니
전에 흐르던 빙하가 남긴 퇴적물 위로 새로운 빙하가 지나가면서 퇴적물들을 긴 달걀 모양의 언덕인 빙퇴구로 만든다. 높이가 50m, 길이가 2,000m나 되는 것도 있다. 빙퇴구는 보통 떼로 몰려 있는데, 이러한 풍경을 '달걀 바구니'라고 한다.

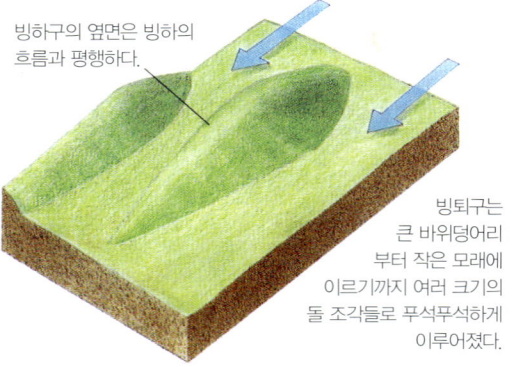

빙하구의 옆면은 빙하의 흐름과 평행하다.

빙퇴구는 큰 바위덩어리부터 작은 모래에 이르기까지 여러 크기의 돌 조각들로 무석무석하게 이루어졌다.

침식된 빙퇴구
빙하 끝부분에 있는 빙퇴구는 빙하가 아주 컸던 시대에 만들어진 오래 된 것이다. 이 빙퇴구를 이룬 바위 부스러기는 얼음이 녹은 물에 침식되어 아래쪽으로 이동되었다.

우윳빛 강
얼음 녹은 물이 빙하 밑에 있는 얼음 동굴에서 솟아 강을 채운다. 이 물은 아주 작은 돌 부스러기들을 포함하고 있어 녹색을 띤 우윳빛이다.

빙하가 녹은 물로 채워진 호수는 빙퇴석의 자갈에 의해 막혀 있다.

움직이기 시작하는 빙하
빙하가 두꺼워지면 무게 때문에 아래쪽으로 움직이기 시작한다.

크레바스
경사가 가파른 곳이나 울퉁불퉁한 곳을 지날 때 빙하 표면에 크레바스(깊이 갈라진 틈)가 생긴다.

겨울의 폭설이 빙하의 근원인 '얼음 저장 창고'를 가득 채운다.

빙하가 시작되는 곳
빙하가 산 사면의 바위를 깎아 산 사면의 경사가 가파르다.

빙하에 달라붙은 바위
눈 녹은 물이 빙하의 바위 표면에서 흐르다가 바위의 갈라진 틈으로 스며든다. 이 물이 빙하 밑에서 다시 얼어 빙하에 달라붙으면 바위도 같이 달라붙는다. 그래서 빙하가 흐르면 바위가 끌려간다.

빙하의 침식에 의해 가파른 바위 절벽이 되었다.

눈 녹은 물이 빙하 뒤쪽에서 졸졸 흐른다.

빙하 속의 암석 조각
해빙하에는 위쪽에서 깎아 온 암석 조각들이 들어 있어 빛깔이 탁한 흰색이다. 암석 조각들이 계곡의 바닥과 옆면을 깎는다.

빙퇴석
빙하에 의해 깎인 바위 조각들이 운반되어 빙하 끝부분에 띠 모양으로 퇴적된 것을 빙퇴석이라고 한다. 바위 하나가 산꼭대기에서 빙하 끝까지 흘러가려면 수천 년이 걸린다.

스위스의 빙하. 두 빙하가 산에서 만나면 빙하 옆면에 있는 퇴적들이 합쳐져 중간에 어두운 색 줄무늬를 만든다. 여러 빙하가 만나면 줄무늬가 여럿 생긴다.

빙하에 깎인 U자형 계곡을 보여주기 위해 빙하를 들어냈다.

바위를 부수는 얼음
눈 녹은 물이 바위의 갈라진 틈으로 들어가 얼면 팽창하여 바위를 부순다. 그래서 산의 표면이 침식된다.

반들반들한 계곡 바닥
계곡의 벽과 바닥은 바위 조각을 포함한 빙하에 의해 깎여 반들반들해진다.

빙하에 깎인 계곡(U자곡)
빙하는 산의 옆면과 바닥을 깎아 계곡을 넓고 깊게 한다. 그리고 이때 생긴 바위 부스러기부터 커다란 돌덩어리까지 모든 것을 쓸어 간다. 계곡 양쪽 절벽에서 떨어진 바위 조각들도 빙하에 의해 운반된다.

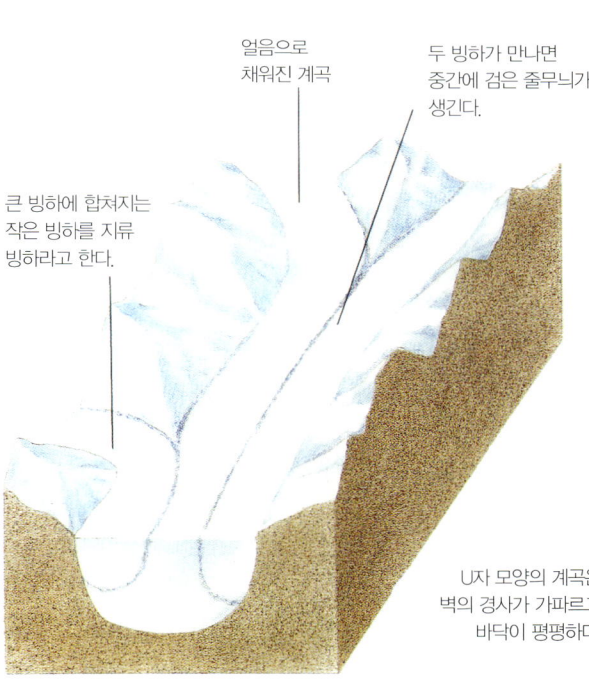

얼음으로 채워진 계곡

두 빙하가 만나면 중간에 검은 줄무늬가 생긴다.

큰 빙하에 합쳐지는 작은 빙하를 지류 빙하라고 한다.

두 빙하가 합류, 큰 빙하를 만들어 계곡을 얼음으로 채운다. 옆 계곡에서 흘러온 작은 빙하도 큰 빙하에 합류한다.

U자 모양의 계곡은 벽의 경사가 가파르고 바닥이 평평하다.

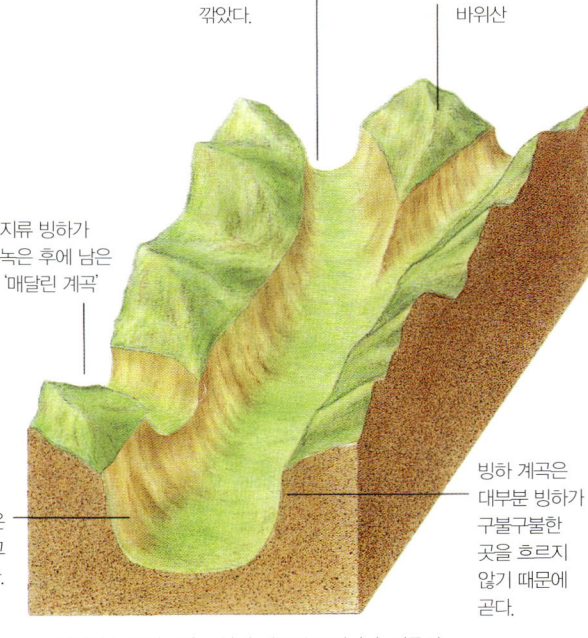

빙하가 계곡 바닥과 옆면을 깎았다.

얼음에 의해 옆면이 깎인 바위산

지류 빙하가 녹은 후에 남은 '매달린 계곡'

빙하 계곡은 대부분 빙하가 구불구불한 곳을 흐르지 않기 때문에 곧다.

빙하가 녹으면 U자 모양의 계곡이 드러난다. 지류의 계곡들은 본류의 계곡보다 높은 곳에 매달려 있다.

사막 *Deserts*

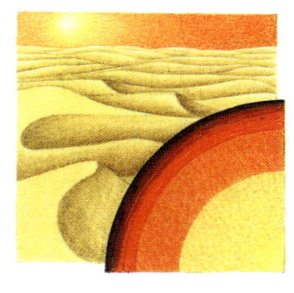

사막은 지구에서 가장 황폐한 곳이다. 돌, 바위, 사구(사막 등에서 세찬 바람에 의해 운반되어 쌓인 모래 언덕)에 덮여 있고 비가 거의 내리지 않아 몇 종류만을 제외하고 생물이 거의 살지 못한다. 사막은 매우 건조하여 땅 표면의 물이 순식간에 증발한다. 드물게 폭우가 내려도 빗물을 흡수하여 저장할 식물이 없기 때문에 빗물이 홍수처럼 흘러 호수를 이룬다. 호수의 물은 곧 증발되어 소금기가 있는 낮은 땅만 남는다. 북극과 남극의 추운 지역도 사막에 포함된다.

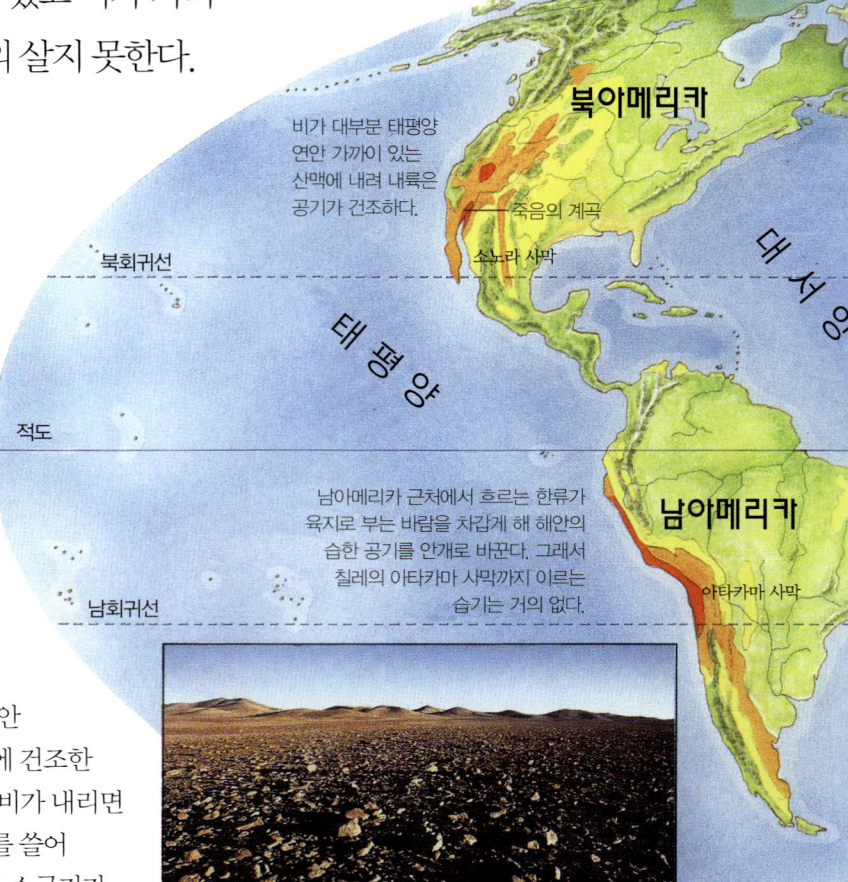

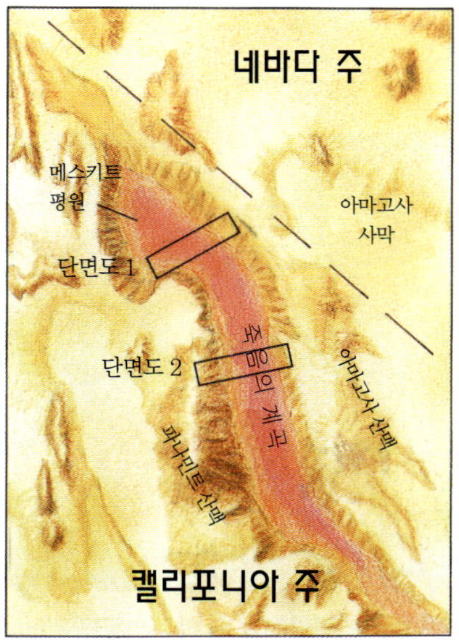

북아메리카의 북쪽 끝은 툰드라 지역이다. 거의 모든 물이 지하에 얼어 있다.
북아메리카
비가 대부분 태평양 연안 가까이 있는 산맥에 내려 내륙은 공기가 건조하다.
죽음의 계곡
소노라 사막
북회귀선
대서양
태평양
적도
남아메리카
남아메리카 근처에서 흐르는 한류가 육지로 부는 바람을 차갑게 해 해안의 습한 공기를 안개로 바꾼다. 그래서 칠레의 아타카마 사막까지 이르는 습기는 거의 없다.
아타카마 사막
남회귀선

네바다 주
메스키트 평원
아마고사 사막
단면도 1
단면도 2
죽음의 계곡
아마고사 산맥
파나민트 산맥
캘리포니아 주

죽음의 계곡(데스밸리)

아메리카에서 가장 기온이 높고, 비가 적고, 낮은 곳이다. 이 계곡은 태평양의 습한 공기가 해안 가까운 산맥을 만나 비를 모두 뿌려 버리기 때문에 건조한 바람만 불어 와 사막이 되었다. 드물기는 하지만 비가 내리면 메마른 바위 위로 빗물이 쏟아져 돌 조각과 모래를 쓸어 가 버린다. 큰 돌은 절벽 아래로 떨어지고, 모래와 소금기가 있는 흙은 계곡의 바닥에 퍼져 마른다. 아래 두 그림은 이 계곡의 단면이다.

칠레의 아타카마 사막에 있는 플라야(사막의 꺼진 곳. 우기에는 얕은 호수가 됨). 이 말라 버린 호수의 바닥은 지구에서 가장 건조한 곳이다.

염분이 있는 계곡

죽음의 계곡은 미국 서부 캘리포니아, 유타, 네바다 주의 염분이 있는 수백 개의 계곡 중 하나이다.

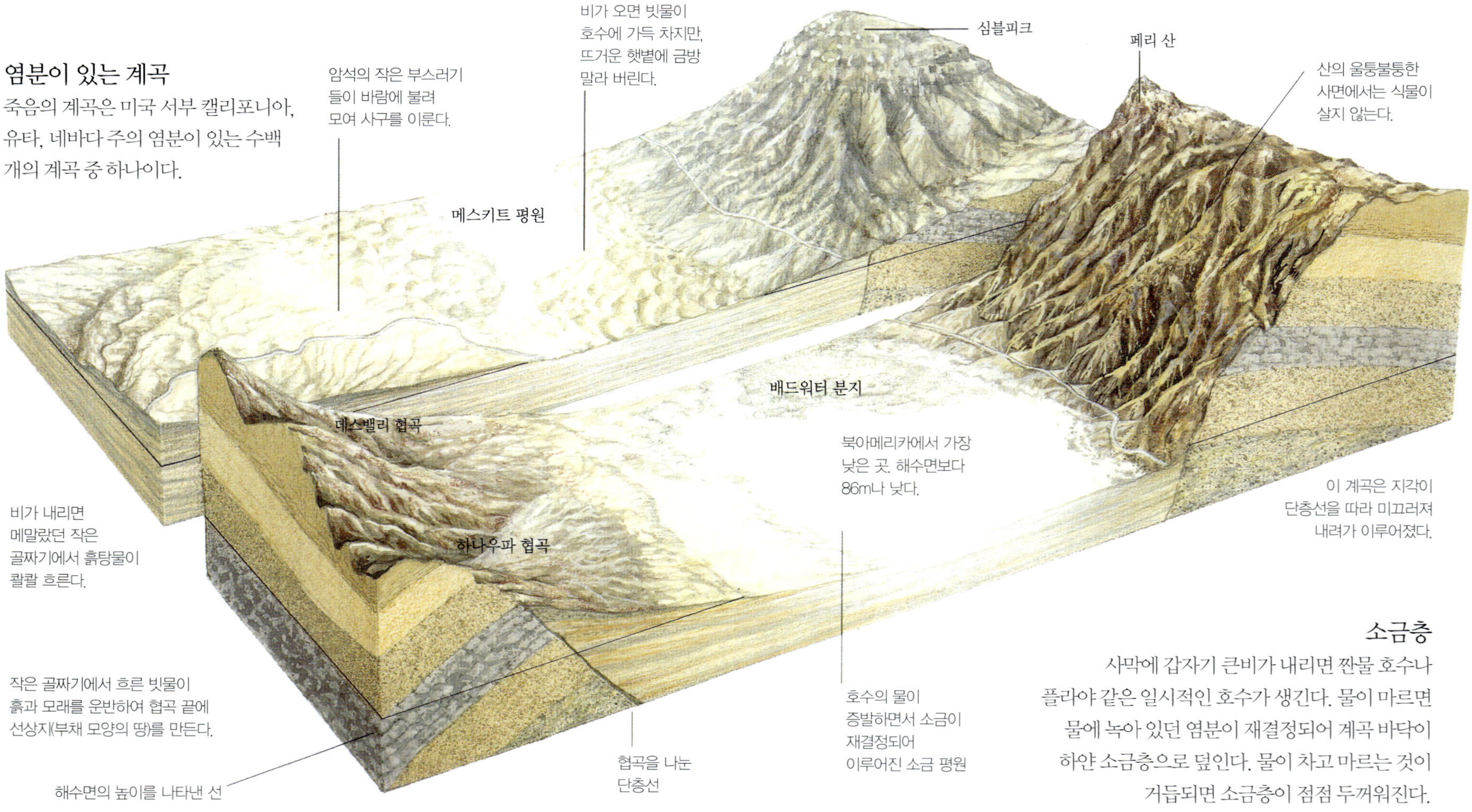

암석의 작은 부스러기들이 바람에 불려 모여 사구를 이룬다.
비가 오면 빗물이 호수에 가득 차지만, 뜨거운 햇볕에 금방 말라 버린다.
심블피크
페리 산
산의 울퉁불퉁한 사면에서는 식물이 살지 않는다.
메스키트 평원
배드워터 분지
데스밸리 협곡
북아메리카에서 가장 낮은 곳. 해수면보다 86m나 낮다.
이 계곡은 지각이 단층선을 따라 미끄러져 내려가 이루어졌다.
비가 내리면 메말랐던 작은 골짜기에서 흙탕물이 콸콸 흐른다.
하나우파 협곡
작은 골짜기에서 흐른 빗물이 흙과 모래를 운반하여 협곡 끝에 선상지(부채 모양의 땅)를 만든다.
해수면의 높이를 나타낸 선
협곡을 나눈 단층선
호수의 물이 증발하면서 소금이 재결정되어 이루어진 소금 평원

소금층

사막에 갑자기 큰비가 내리면 짠물 호수나 플라야 같은 일시적인 호수가 생긴다. 물이 마르면 물에 녹아 있던 염분이 재결정되어 계곡 바닥이 하얀 소금층으로 덮인다. 물이 차고 마르는 것이 거듭되면 소금층이 점점 두꺼워진다.

사하라 사막(세계에서 가장 큰 사막)과 아라비아 사막은 적도 북쪽의 덥고 건조한 열대 지역에 있다.

고비 사막과 타클라마칸 사막은 넓은 대륙의 중앙부에 있어 습한 바람이 불어오지 않는다.

습한 공기가 아시아 내륙으로 가는 것을 히말라야 산맥이 막아 고비 사막이 생겼다.

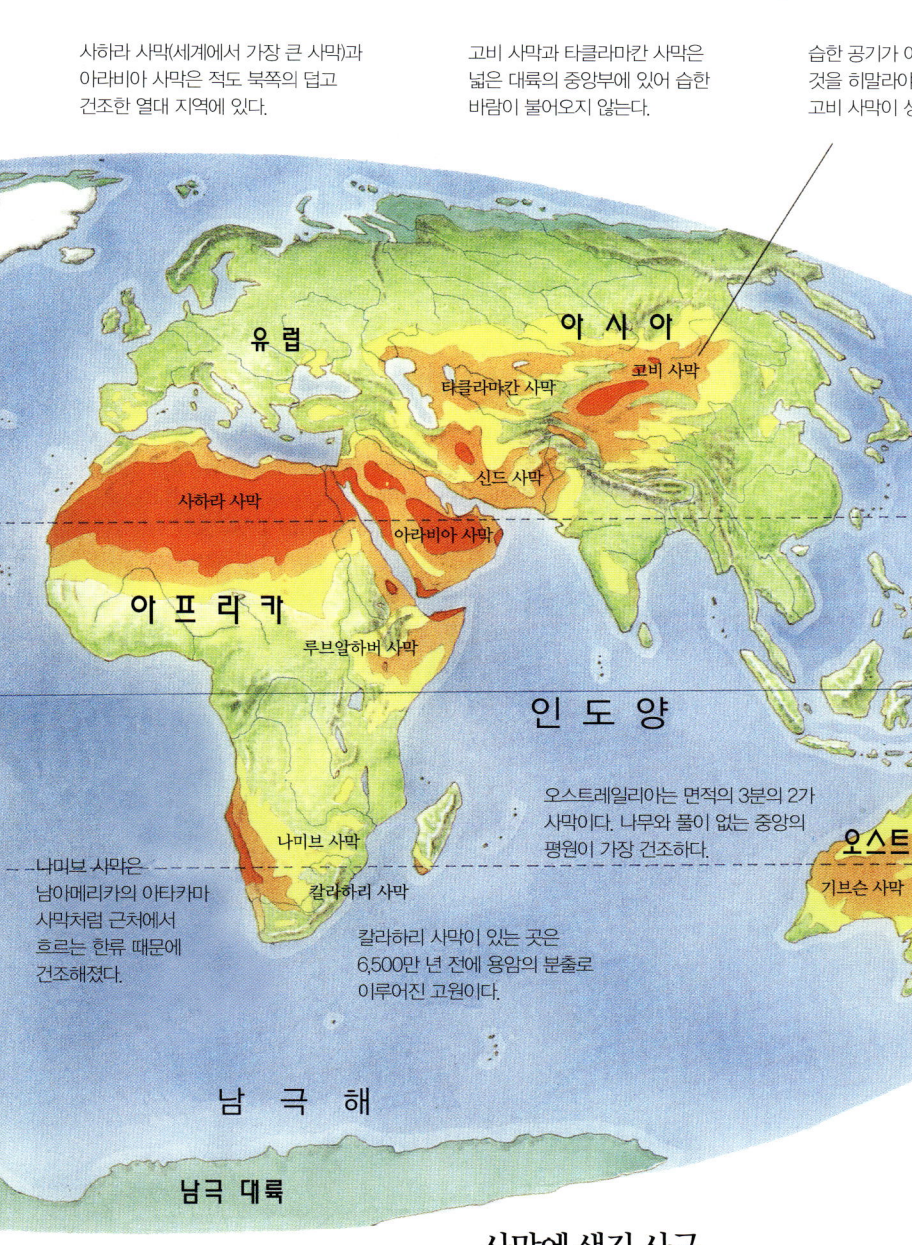

나미브 사막은 남아메리카의 아타카마 사막처럼 근처에서 흐르는 한류 때문에 건조해졌다.

칼라하리 사막이 있는 곳은 6,500만 년 전에 용암의 분출로 이루어진 고원이다.

오스트레일리아는 면적의 3분의 2가 사막이다. 나무와 풀이 없는 중앙의 평원이 가장 건조하다.

격렬한 모래 폭풍
모래 폭풍이 일면 바람이 모래 등을 날려 다른 곳에 내려 쌓는다. 이러한 바람을 아라비아 말로 '격렬한 바람'이라는 뜻의 '하부브'라고 한다.

열대의 사막
열대의 사막에서는 우기에 많은 비가 내리지만 너무 더워서 곧 증발되어 다시 건조해진다.

일러두기
- 아주 건조한 사막 지역 일 년 내내 비가 오지 않는다.
- 건조한 사막 지역 비가 조금 내리지만 곧 증발해 버린다.
- 반쯤 건조한 사막 지역 1년에 50cm쯤의 비가 내린다.
- 꽁꽁 언 툰드라 사막 지역 비가 거의 오지 않아 건조하고 춥다.

얼어붙은 사막
그린란드와 남극 지역 같은 곳은 물이 엄청나게 많지만, 대부분 빙하로 얼어 있어서 사막 지역이 된다. 너무 건조해서 어떤 곳에서는 빙하가 바람에 증발되기도 한다.

사막에 생긴 사구
세계의 사막 가운데 20%만이 모래로 이루어졌다. 모래로 이루어진 사막 중에는 모래의 두께가 몇 센티미터밖에 안 되는 곳도 있고, 높이가 500m나 되는 거대한 사구가 있는 곳도 있다. 조금이라도 모래가 쌓이면 바람에 의해 운반된 모래가 그 위에 자꾸 쌓여 사구가 점점 커진다.

사하라 사막의 알제리 지역에 솟아 있는 사구들

사구
사구의 모양은 바람의 방향과 세기에 의해 결정된다. 초승달 모양의 사구인 '바르한'은 바람이 사구의 높은 중앙보다 낮은 양쪽 끝을 빨리 지나갈 때 생긴다. 산등성이 모양의 사구인 '세이프'는 바람이 일정한 방향으로 세게 불 때 생긴다.

사구는 어떻게 움직이는가?
사구는 1년에 25m쯤 이동한다. 바람이 모래를 사구의 완만한 사면에 불어 올려 경사가 점점 가팔라지면 마침내 사구가 무너진다. 모래는 무너진 사면과 평행한 경사층을 만든다. 이것을 '사층리'라고 한다.

생명을 유지시키는 흙
Soil Supports Life

흙에서 식물이 자라고, 그 식물을 먹고 인간과 동물이 살아간다. 암석이 풍화되어 작은 입자(알갱이)로 부서져 만들어지는 흙은 암석에 들어 있던 여러 가지 화학 물질을 식물에게 제공한다. 흙 속에는 광물 입자와 공기, 물을 비롯해 식물의 뿌리, 균류, 곤충, 지렁이, 박테리아 같은 미생물 등의 유기물도 많다. 흙이 물에 잠기면 식물은 질식해서 죽고, 죽은 식물과 동물이 분해되지 않아 흙도 썩는다. 반대로, 흙 속에 물이 없으면 식물은 말라죽고, 흙은 말라 바람에 날려간다.

사면의 세 종류
아래 오른쪽 세 그림은 온대, 건조 지대, 열대에 있는 흙층의 모습이다. 흙층의 두께와 기름진 정도는 기후, 기반암의 종류, 흙층의 나이, 지형, 배수, 살고 있는 동식물 등에 따라 결정된다.

온대의 흙
온대에 있는 사면에서는 계곡에 가까워질수록 흙층이 두꺼워진다. 비, 서리, 지구의 중력이 흙을 아래쪽으로 움직이기 때문이다.

흙 속으로 파고들어간 식물의 뿌리는 공기와 물이 통하는 길을 만든다. 비가 많이 내릴 때는 흙이 빗물에 씻겨 가지 않게 한다.

맨 위에 있는 흙층(표토)
빛깔이 거무스름하고 기름진 이 흙층에는 나무뿌리와 풀뿌리가 뻗어 있다. 죽어서 묻힌 동식물이 박테리아와 균류에 의해 단순한 화학 물질로 분해된 부식토가 포함되어 있다.

지렁이, 토끼, 오소리 등의 동물들이 판 굴들은 흙에 공기가 잘 들어갈 수 있게 하고, 물이 잘 스며들 수 있게 한다.

맨 아래에 있는 흙층
맨 아래 흙층에는 유기물이 적지만, 아래에 있는 단단한 암석이 풍화되어 생긴 광물 부스러기가 많다. 광물 부스러기들은 식물들에게 필요한 영양분을 위쪽의 흙에 공급하여 흙을 기름지게 한다.

기반암
흙층 바로 아래에 있는 암반. 기반암의 성분은 위에 있는 흙의 성분을 결정하는 데 중요한 역할을 한다. 기반암이 식물에 영양분이 되는 화학 물질을 많이 포함하고 있으면 흙이 기름지다.

맨 위쪽 흙층에는 식물의 뿌리가 얽혀 있다.

토끼의 굴

동식물이 남긴 것
동물이 풀과 어린 나뭇잎을 먹고 남긴 배설물은 흙을 기름지게 한다. 떨어진 나뭇잎과 나뭇가지들도 분해되어 부식토가 된다.

부식토와 점토로 이루어진 땅의 표면은 스펀지 같아서 식물에게 필요한 영양분을 많이 붙잡아 둘 수 있고, 교환할 수도 있다.

기반암의 풍화
흙층 아래에 있는 기반암은 계속 풍화되어 위에 있는 흙층을 두껍게 한다. 흙의 기본적인 구조와 성질은 아래에 있는 기반암의 종류에 의해 영향을 받는다.

흙의 여러 층
맨 위의 층은 유기물이 많고, 그 아래층은 식물의 뿌리가 조금 퍼져 있다. 그 아래에는 암석층이 풍화되어 떨어져 나온 암석 조각들과 단단한 암반에서 떨어진 암석의 층이 있다. 각 층은 모두 지면과 평행하다.

현미경으로 본 흙
오른쪽 사진은 흙의 일부를 현미경으로 본 것이다. 죽어서 썩고 있는 동식물들은 그곳에서 자라는 식물들의 영양분이 된다. 흙 속의 공간들은 공기와 물, 미생물과 작은 식물들이 채우고 있다.

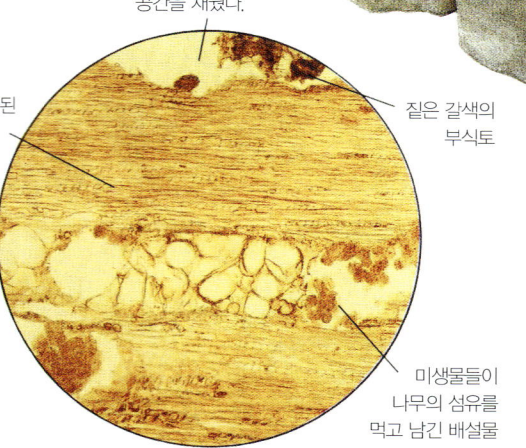

공기와 물이 흙 속의 공간을 채웠다.

분해되어 부식토가 된 나무 섬유

짙은 갈색의 부식토

미생물들이 나무의 섬유를 먹고 남긴 배설물

사면의 흙
사면에 있는 흙은 항상 아래쪽으로 움직인다. 식물이 별로 없는 사면에 큰비가 내리면 빗물이 많은 흙을 아래 계곡으로 흘려보낸다. 동물들도 걸어 다니거나 굴을 파면서 흙을 아래쪽으로 내려 보낸다. 서리와 얼음도 흙을 들어 올려 계곡으로 떨어지게 한다.

건조 지대의 흙

건조 지대에는 식물이 거의 없어 비가 많이 내리면 흙이 쓸려 내려가고, 건조할 때는 흙이 바람에 날려가 버린다. 그래서 건조 지대의 흙층은 얇다.

바위 언덕 꼭대기에는 흙이 거의 없어서 바위가 곧잘 밤과 낮, 겨울과 여름의 기온 차이에 의해 부서져 내린다.

열대의 흙

열대에서는 나무나 풀이 빨리 자라 그 뿌리가 흙을 잘 붙잡아 준다. 그래서 언덕의 사면이나 계곡의 흙층이 두껍다.

빨리 자라는 열대의 식물은 다양한 동물들의 먹이가 된다.

기온이 높고 습기가 많은 열대에서는 박테리아와 균류의 활동이 왕성해서 두꺼운 부식토층이 이루어진다.

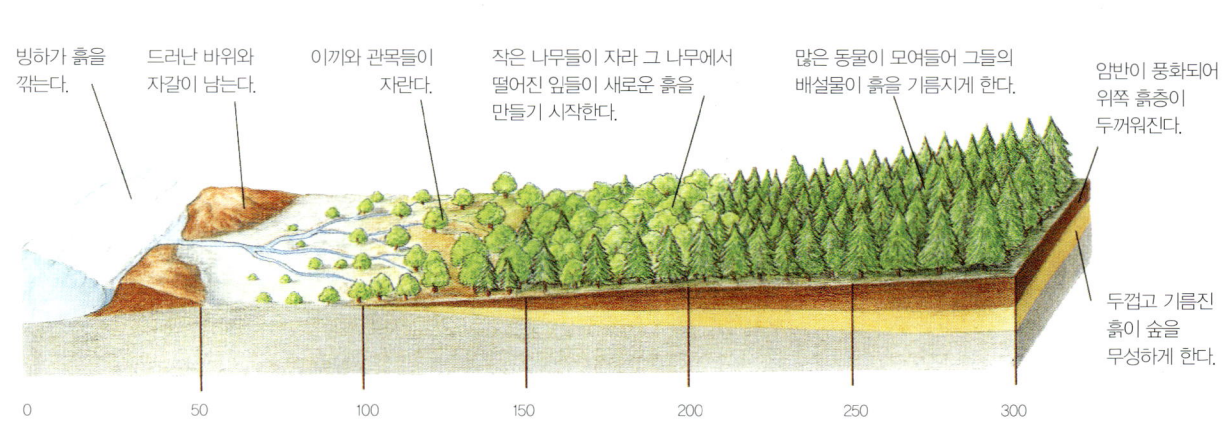

미국 남서부에 있는 '노란 먼지 지대'의 일부. 1930년대에 모래 폭풍이 불어 황폐화되었다. 농작물을 수확하려고 땅을 모두 파 엎어 흙을 붙잡아 둘 식물의 뿌리가 없었다. 그래서 흙이 말라 바람에 날려가 버렸다.

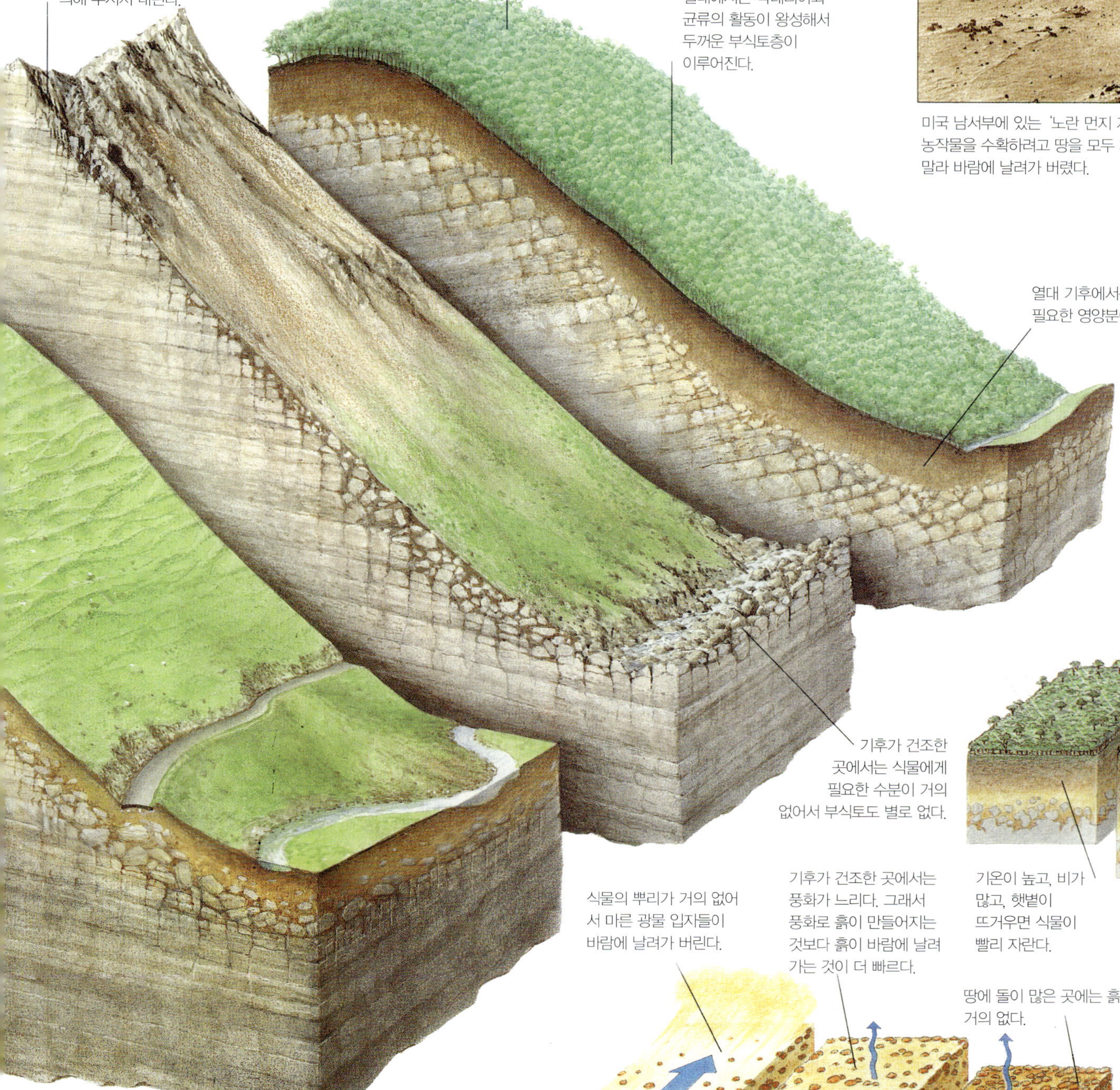

열대 기후에서는 암석의 풍화가 빨라 식물에게 필요한 영양분이 많은 기름진 흙을 만든다.

열대의 흙과 암석의 풍화

열대에서는 비가 많이 내려 암석의 풍화가 빠르다. 그래서 시간이 갈수록 흙층이 두꺼워진다. 비가 많이 내려도 식물의 뿌리가 흙을 붙잡고 있어 빗물에 씻겨 가지 않는다. 식물이 죽으면 영양분이 되어 흙으로 돌아간다.

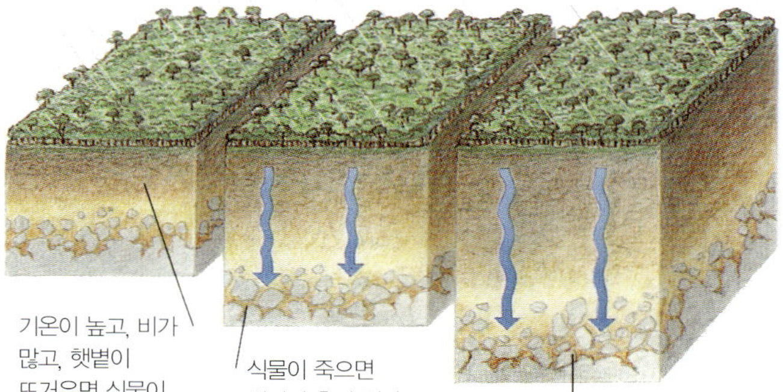

기후가 건조한 곳에서는 식물에게 필요한 수분이 거의 없어서 부식토도 별로 없다.

식물의 뿌리가 거의 없어서 마른 광물 입자들이 바람에 날려가 버린다.

기후가 건조한 곳에서는 풍화가 느리다. 그래서 풍화로 흙이 만들어지는 것보다 흙이 바람에 날려 가는 것이 더 빠르다.

기온이 높고, 비가 많고, 햇볕이 뜨거우면 식물이 빨리 자란다.

식물이 죽으면 썩어서 흙이 된다.

암석도 빨리 침식되어 흙이 된다.

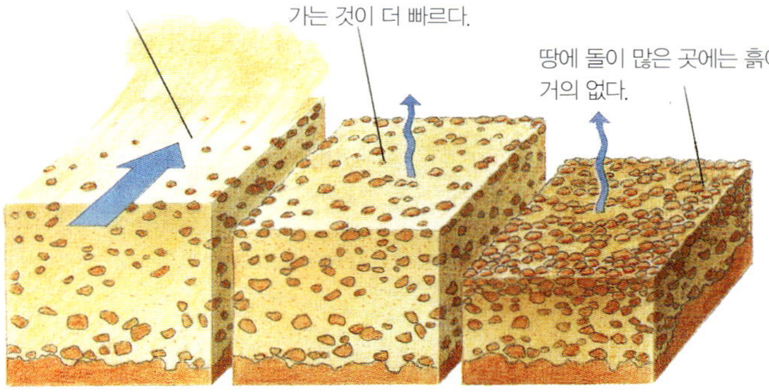

땅에 돌이 많은 곳에는 흙이 거의 없다.

건조 지대의 흙과 침식

건조 지대의 흙에는 흙을 붙잡아 주는 식물 뿌리가 거의 없어서 광물 입자들이 바람에 쉽게 날려가 버린다. 이 광물 입자들은 다른 곳에 쌓여 두껍고 기름진 흙을 만든다.

계곡의 흙

계곡 바닥에서는 습한 기후와 기반암의 끊임없는 풍화로 부식토가 많아진다. 그 결과 기름진 흙이 만들어진다.

한대에서 흙이 만들어지는 과정

빙하는 흐르면서 아래쪽에 있는 흙을 모두 깎는다. 얼음이 녹으면 암석이 풍화되어 새로운 흙이 만들어진다. 이 흙에는 죽은 동식물로 이루어진 부식토가 거의 없다. 이끼와 작은 관목들이 기반암을 풍화시키기 시작해 새로운 흙을 만들어 붙잡아 둔다.

빙하가 흙을 깎는다.

드러난 바위와 자갈이 남는다.

이끼와 관목들이 자란다.

작은 나무들이 자라 그 나무에서 떨어진 잎들이 새로운 흙을 만들기 시작한다.

많은 동물이 모여들어 그들의 배설물이 흙을 기름지게 한다.

암반이 풍화되어 위쪽 흙층이 두꺼워진다.

두껍고 기름진 흙이 숲을 무성하게 한다.

0   50   100   150   200   250   300

빙하가 흙을 깎기 시작한 때부터의 햇수

지구를 이룬 물질
Earth's Ingredients

약 50억 년 전, 별들이 폭발해 흩어진 우주 먼지들의 일부가 모여 지구와 태양계를 만들었다. 지구는 탄생 이후 지구를 이룬 원소의 분포와 형태를 변화시켰다. 철을 주성분으로 하는 핵, 암석질인 맨틀과 지각, 질소와 물 등으로 이루어진 대기와 해양을 이루었다. 그리고 특정한 원소들이 모여 여러 가지 광물을 만들었다. 지구 표면이 많은 종류의 암석으로 이루어진 것 같지만, 실제로는 몇 가지의 광물이 대부분의 암석을 이루고 있다. 지금까지 알려진 백여 가지의 원소 가운데 열 가지 미만의 원소만이 암석을 이룬 광물에서 발견된다.

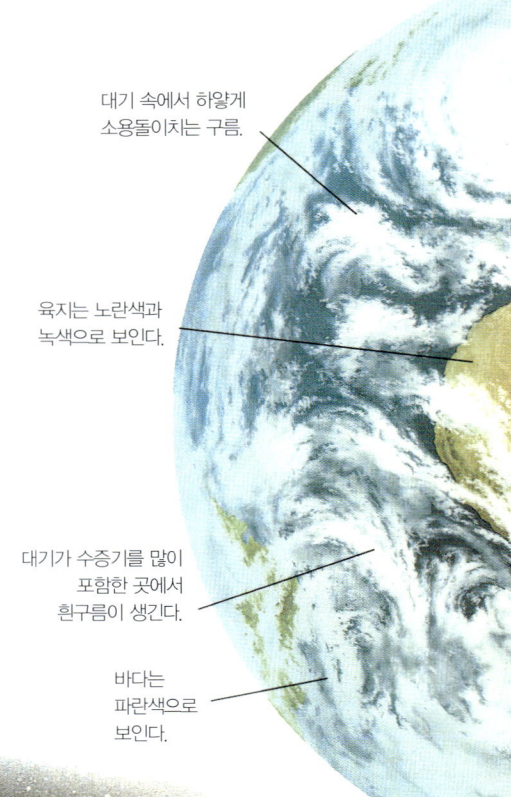

대기 속에서 하얗게 소용돌이치는 구름.

육지는 노란색과 녹색으로 보인다.

대기가 수증기를 많이 포함한 곳에서 흰구름이 생긴다.

바다는 파란색으로 보인다.

지구의 이웃
지구는 태양이라는 항성의 주위를 도는 여덟 개의 행성 가운데 하나이다. 행성의 궤도는 대부분 원에 가까운 타원이다.

우주 공간에서 일어난 충돌
행성은 공전하면서 우주의 작은 천체와 충돌한다. 이 작은 천체들은 대부분 태양계가 형성된 후 10억 년 동안에 생긴 것이다. 일부는 소행성으로 남아 있고, 나머지는 행성과 충돌하여 부서졌다.

여덟 개의 행성과 수백 개의 위성은 태양처럼 먼지 구름이 엉겨 생겨났다.

지구의 모든 생명체는 태양의 빛과 열이 없으면 살 수 없다.

태양계
약 50억 년 전, 은하계를 이룬 소용돌이의 한 팔 끝부분에 먼지 구름이 모이기 시작했다. 주로 수소와 헬륨으로 이루어진 먼지 구름은 초신성이 폭발할 때 생긴 무거운 원소들도 포함하고 있었다. 갑자기 나타나 폭발하여 환한 빛을 내다가 빛이 약해지는 별을 신성이라 하고, 신성 중에서 특히 밝은 빛을 내는 큰 것을 초신성이라고 한다. 먼지 구름은 뜨거워지고 두꺼워져 중력으로 물질을 중심 부분에 끌어당겼고, 나머지 가스와 먼지는 원반 모양으로 둘레를 돌기 시작했다. 중심 부분은 수축되어 태양이, 둘레를 돌던 가스와 먼지는 행성이 되었다.

초신성은 폭발할 때 태양빛의 10억 배 이상 밝은 빛을 낸다.

항성의 탄생과 죽음
우주에 가장 많은 원소는 수소와 헬륨이다. 그 밖의 원소는 대부분 항성 내부에서 만들어진다. 항성은 태어나면 중심부에서 수소를 헬륨으로 변화시켜 희고 밝은 빛과 열에너지를 내보낸다. 수소가 모두 없어지면 항성은 죽는다. 죽기 직전에 항성의 커다란 붕괴가 시작되는데, 내부 온도가 올라가 보다 무거운 새 원소들이 만들어진다. 이어서 항성이 폭발하여 이 새 원소들이 우주 공간으로 날아 흩어져 약 백 종류의 원소가 만들어진다.

다른 행성, 지구

지구 표면은 대기에 둘러싸여 있고, 지각의 4분의 3쯤이 바닷속에 잠겨 있다. 지각에 가장 많이 들어 있고 기본이 되는 원소는 산소이다. 산소는 보통 기체 상태이지만, 행성 내부에서는 규소와 결합하여 암석을 만들기도 한다. 산소와 규소는 결합하는 힘이 강해서 이 암석은 화학적으로 안정되어 있다.

물이 있는 행성은 지구뿐이다. 다른 행성은 너무 덥거나 추워 물이 없다.

지구의 대기는 태양의 자외선으로부터 생명체를 보호한다.

원소의 상대적인 양

일러두기
- 중요한 원소
- 암석을 이루는 원소
- 그 밖의 원소

수소와 헬륨은 우주에 가장 많은 원소이다.

탄소는 수소와 헬륨이 다 없어졌을 때 항성 속에서 만들어진다.

규소는 산소와 탄소의 핵반응에 의해 만들어진다.

철은 규소와 다른 원소의 핵융합에 의해 만들어진다.

드문 원소들은 초신성이 폭발할 때 생긴다.

원자번호(원자핵 속에 있는 양자의 수)

많은 원소

원소는 광물을 만드는 기본적인 물질이다. 지금까지 109종류의 원소가 알려졌는데, 89종류는 지구에 자연적으로 있는 것이다. 대부분의 원소는 가장 단순한 구조의 수소로부터 합성된다. 온도가 아주 높은 항성 내부에서 수소의 원자핵이 충돌하여 헬륨이 된다. 수소가 모두 없어지면 항성 중심부에서 헬륨을 사용하여 탄소와 산소를 만든다. 탄소로는 마그네슘을, 산소로는 규소를 만들고, 마지막으로 규소로 철을 만든다. 다른 드문 원소들은 초신성이 폭발할 때 만들어진다.

암석을 이룬 원소들

원소가 광물을 이루고, 광물의 결정이 고체를 만든다. 대부분의 암석은 산소와 규소가 결합한 규산염으로 만들어졌다. 이 밖에 많이 들어 있는 원소는 철, 마그네슘, 알루미늄, 칼슘, 칼륨, 나트륨이다. 이 여덟 가지 원소가 대부분의 지각 암석을 이루고 있다. 사문암은 특히 철과 마그네슘이 많아서 어두운 색을 띤다.

사문암은 감람석과 휘석의 결정에 물이 들어가 결정의 구조가 변한 것이다.

사장석. 결정이 가늘고 길며 회색이다.

감람석. 색이 밝다.

현미경으로 보면

암석을 이룬 광물의 결정을 관찰할 수 있다. 대부분의 광물은 아주 얇게 자르면 투명하게 보인다.

암석은 광물의 혼합체

광물은 수천 종류나 되지만, 주요한 것은 수십 종류이다. 암석은 대부분 서너 종류의 주요한 광물로 이루어졌는데, 드문 광물이 흩어져 있기도 하다. 다양한 종류의 광물이 여러 비율로 섞여서 부드러운 모래와 점토부터 화강암, 석회암, 현무암까지 다양한 암석을 만든다. 오른쪽은 반려암의 조각을 찍은 현미경 사진이다. 반려암은 주로 사장석, 감람석, 휘석으로 이루어졌는데, 산화철도 조금 있다.

산화철. 색이 검다.

26개의 전자가 철 원자핵 주위를 돌고 있다.

한 개의 양자가 있는 수소의 원자핵

탄소의 원자핵은 여섯 개의 양자와 여섯 개의 중성자로 이루어졌다.

여섯 개의 전자가 원자핵의 둘레를 돌고 있다.

원자의 구조

원자는 원소의 가장 작은 단위이다. 원자 중심에 있는 원자핵은 양자(양전하를 가진 것)와 중성자(전기적으로 중성)로 이루어졌다. 그리고 원자핵의 둘레를 전자(음전하를 가진 것)가 돌고 있다. 원소의 종류에 따라 그 원소를 이룬 양자, 중성자, 전자의 수가 다르다. 어떤 원자가 어떤 원자와 결합하여 광물을 만드는가는 양자와 전자의 수에 달려 있다.

수소
우주에 가장 많은 원소인 수소는 가장 간단한 구조로 이루어졌다. 하나의 양자 둘레를 하나의 전자가 돌고 있다. 수소는 다른 원소와 결합하여 물 등의 화합물을 만든다.

탄소
별의 일생에서 마지막 단계에 만들어진다. 사람이나 나무, 암석에 들어 있는 탄소는 모두 항성 내부에서 만들어졌다.

철
지구에 많은 원소 중 하나이다. 많은 광물에 들어 있는데, 이 철에 의해 암석이 빛깔을 띤다. 철은 별이 죽을 때까지 만들어지는 가장 무거운 원소이다.

화성암 *Igneous Rocks*

마그마가 식어 굳어져 생긴 암석을 화성암이라고 한다. 화성암에는 화산에서 분출된 마그마가 식어 만들어진 화산암과 마그마가 지구 표면으로 올라오지 못하고 지하에서 식어 만들어진 심성암이 있다. 지하 깊은 곳에서 만들어진 심성암이 융기나 침식에 의해 지구 표면에 나타나기도 한다. 마그마의 종류와 결정이 이루어질 때의 조건에 따라 여러 종류의 화성암이 만들어진다. 화성암은 암석의 구조와 포함된 광물에 의해 분류한다.

현무암
용암의 가스 거품 구멍을 결정이 다른 광물이 메운다.

페그마타이트
결정의 입자가 아주 큰 화강암.

운모
반짝이는 검은 빛을 내는 광물. 큰 화강암에서는 운모의 조각을 얇은 판처럼 벗길 수 있다.

화강암
주로 산맥 중심부에서 발견되는 화강암은 가장 흔한 화성암이다. 지구상에 나타난 최초의 대륙은 화강암질 암석으로 이루어졌었다. 화강암은 석영과 장석 등 무색 광물과 운모 등 약간의 유색 광물로 이루어졌다. 왼쪽 사진에서 회색으로 보이는 것은 두 종류의 장석, 검은색으로 보이는 것은 운모이다.

석영
화강암의 주요 구성 광물. 무색투명하지만, 우윳빛 나는 푸른색으로 보일 때도 있다.

장석
지각에서 가장 많이 발견되는 광물 중 하나. 화강암은 그 속에 포함된 장석의 양과 종류에 의해 분류된다.

화강암

반려암
화강암처럼 천천히 이루어졌지만, 화강암보다 유색 광물을 많이 포함한다. 석영은 거의 없다.

마노
아주 작은 석영 결정이 모여서 이루어진 것. 아름다운 띠는 화산암 속의 공기 거품에 의해 생긴 구멍 둘레에 광물층이 겹겹이 둘러져 만들어진다. 안쪽에 있는 것일수록 나중에 생긴 것이다. 중심부에 석영의 결정이 있는 경우도 있다.

금
금 같은 몇몇 원소는 마그마가 대부분 굳어진 뒤 마지막 남은 굳어지지 않은 부분에 모인다. 그리고 화강암이 식어 수축될 때 생긴 '맥'이라는 갈라진 틈에서 결정을 이룬다.

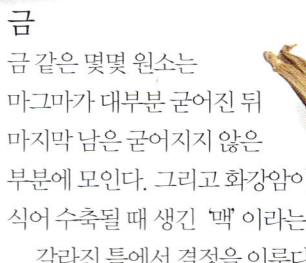

은
자연금, 자연 백금, 자연 구리 등과 마찬가지로 다른 원소와 화합하지 않고 마그마로부터 결정된다. 이러한 금속은 사용할 때 거의 가공할 필요가 없다.

다이아몬드
자연 물질 가운데 가장 단단하다. 아주 높은 압력을 받아 결정되기 때문에 구조가 빽빽하다. 다이아몬드는 화산이 분화할 때 지구 깊은 곳에서 마그마에 의해 지구 표면으로 나온다.

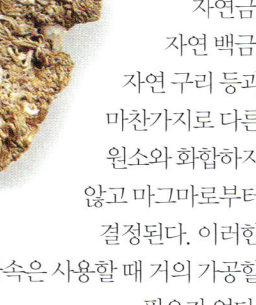

다이아몬드는 지하 약 100km 깊이에서 결정이 이루어진다.

용암

다음의 암석들은 용암이 재결정된 것들이다. 암석의 생김새는 용암의 종류에 의해 결정된다. 아주 뜨거운 용암은 분출되었을 때 묽기 때문에 식는 동안 빠르게 흘러 퍼진다. 좀 덜 뜨거운 용암은 분출되었을 때 끈끈해서 천천히 움직이기 때문에 결정이 늦게 이루어진다.

흑요석
아주 끈끈한 용암이 폭발적으로 분출되어 빨리 식으면 결정이 진행될 시간이 없다. 그래서 녹은 용암의 구조가 그대로 얼듯이 유리질의 흑요석이 된다.

부석(물에 뜨는 돌)
용암의 작은 거품 덩어리로, 흑요석과 성분이 같은 분출물이다. 아주 가벼워서 물에 뜬다.

기포가 많은 현무암
용암이 굳어질 때 마그마에서 뿜어져 나오는 화산 가스가 갇히는 경우가 있다. 가스가 갇혀 있던 암석의 구멍을 기포라고 한다.

화산탄
화산이 폭발할 때 분출한 뜨거운 현무암질의 용암은 공중에서 주먹만 하게 나눠져 빨리 식어 굳어진다. 땅에 떨어질 때는 화산탄이 된다.

현무암
해양 지각은 모두 현무암으로 이루어졌고, 대륙 지각에도 현무암질의 용암이 많다. 맨틀의 물질이 부분적으로 녹아 만들어진 현무암은 결이 곱다. 색이 거무스름한데, 휘석과 감람석 등 빛깔이 있는 광물을 포함하고 있기 때문이다. 현무암질의 마그마가 천천히 식어서 결정이 크게 이루어진 것은 조립현무암, 결정이 아주 크게 이루어진 것은 반려암이라고 한다.

휘석
빛깔이 거무스름하고 밀도가 높은 광물. 주로 현무암, 반려암, 조립현무암을 이룬다. 휘석에는 철과 마그네슘이 많다.

화성암 속에 묻혀 있는 휘석

현무암

장석
거무스름하고 무거운 현무암은 칼슘이 많은 장석을, 가벼운 화강암은 나트륨과 칼륨이 많은 장석을 포함하고 있다.

감람석
녹색으로 빛나는 무거운 광물. 철과 마그네슘이 많다.

밧줄 모양의 용암
이 암석은 흐르는 뜨거운 용암이 차가운 지각 위에서 식으며 주름진 것이다.

화산의 분화구에서 채취한 황. 황을 채취하는 사람은 날마다 목숨을 거는 모험을 한다.

황
레몬색 결정체인 황은 분화구 근처와 온천 주위에서 발견된다. 때때로 다른 화학 물질과 결합하여 황화물과 황산염을 만든다.

적철석
적철석(철의 산화물로 이루어진 광물)은 산화철 덩어리이다. 화산 가스는 적철석이 많은 광상(땅 속에 광물이 묻혀 있는 곳)을 남기기도 한다. 적철석의 결정에서 철을 뽑아낸다.

철로 만든 강철 나사

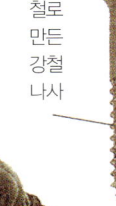

방연석
납의 황화물. 반짝이는 커다란 결정체로 생산되기도 한다. 열수(마그마의 열에 뜨거워진 물)가 솟는 곳 주위에서는 방연석의 작은 결정이 구름처럼 뿜어져 나온다.

감람암
어두운 녹색의 무거운 암석. 지구 표면에서는 거의 볼 수 없다. 맨틀의 상층부는 감람암으로 이루어졌다.

황동석
구리는 대부분 황동석의 놋쇠색 결정에서 나온 것이다. 위 사진의 황동석은 흰 석영의 결정과 섞여 있다.

구리는 잘 구부러져서 굽은 파이프 등을 만들기에 좋다.

방연석에서 뽑아낸 납은 녹는 온도가 낮아 땜납으로 사용된다.

퇴적암 Sedimentary Rocks

풍화 작용에 의해 갖가지 암석에서 떨어져 나온 입자들이 바람과 강물과 빙하에 의해 운반되어 퇴적된다. 퇴적물에는 동식물의 잔해가 들어 있기도 하다. 시간이 지나면서 점점 두꺼워진 퇴적물은 무게 때문에 압축되어 굳어져 새로운 암석, 퇴적암이 된다. 퇴적암을 보면 어떤 종류의 암석이 풍화되어 입자가 되었는지, 어떻게 이동해 퇴적되었는지, 부드러운 퇴적물이 어떻게 해서 단단한 암석이 되었는지 알 수 있다.

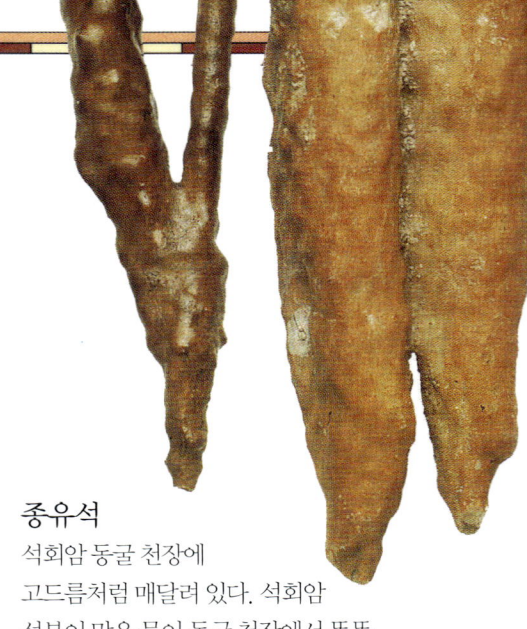

종유석
석회암 동굴 천장에 고드름처럼 매달려 있다. 석회암 성분이 많은 물이 동굴 천장에서 똑똑 떨어지면서 그 성분을 계속 남겨 만들어진다.

큰 돌멩이 　　중간 크기의 돌멩이 　　작은 돌멩이 　　자갈 　　석영 모래

퇴적암의 재료
돌과 자갈은 물살에 휩쓸려 구르는 동안 서로 부딪쳐 부서지기도 하고, 물에 풍화되어 녹기도 한다. 암석의 부스러기들이 가라앉아 쌓이면 그 위에 다른 퇴적물의 층이 차례차례 쌓인다. 퇴적층에 스며든 물에 규산, 철분, 석회 등 암석의 성분이 녹아 있으면, 이 성분이 퇴적층의 암석 입자들 사이에서 시멘트 역할을 하여 굳어진다. 이러한 작용을 교결 작용이라 한다. 교결 작용에 의해 퇴적암이 만들어진다.

사암
사암을 이룬 모래 입자를 보면 그 사암의 역사를 알 수 있다. 표면이 반들반들한 모래 입자는 바닷가에서 파도 때문에 굴러서 둥글게 된 석영의 입자이다. 표면이 젖빛 유리처럼 흐릿한 모래 입자는 사막에서 만들어진 것이다.

역암과 각력암
암석에 둥근 자갈이 많은 것은 역암, 각이 진 자갈이 많은 것은 각력암이다. 바닷가에 있는 둥그스름한 자갈들의 층이 굳어져 역암(아래)이 된다. 자갈들 사이에 모래가 있는 역암은 교결 작용에 의해 굳어진다. 각력암(오른쪽)도 같은 방법으로 만들어지지만, 암석 조각이 아주 거칠다.

역암에 들어 있는 부싯돌 자갈은 물속에서 굴러 깎여 둥그스름해졌다.

모서리가 날카로운 암석 조각은 절벽 아래에 쌓여 각력암을 만든다.

로마에 있는 옛 콜로세움(원형 경기장)은 석회암과 응회암으로 지어졌다.

맷돌
로마 시대에 옥수수를 갈았던 이 맷돌은 부싯돌이라는 단단한 자갈이 들어 있는 역암으로 만들어졌다. 역암은 표면이 울퉁불퉁해서 곡식을 가는 데 좋다.

보크사이트(알루미늄 원광)
주성분이 알루미늄 광물이다. 열대 지방에서 풍화 작용에 의해 알루미늄을 제외한 다른 성분들이 없어져 생겼다.

알루미늄박은 보크사이트에서 뽑아낸 금속 알루미늄으로 만든다.

석회암
사암을 이루었던 모래 입자는 쉽게 눈에 띄지만, 석회암을 이루었던 화학 성분은 물에 녹은 상태로 운반되기 때문에 잘 보이지 않는다. 바다에서 사는 생물은 바닷물에서 탄산칼슘을 얻어 껍데기나 뼈를 만들고, 죽으면 석회질의 진흙이 되어 바다 밑에 두껍게 쌓여 석회암이 된다.

점토
암석이 풍화되어 생긴 작은 점토 입자들은 물속에 떠서 운반되기 때문에 강물이 진흙빛다. 강이 바다와 만나면 점토 입자들은 가라앉아 진흙이 된다. 이 진흙(왼쪽)이 이암, 점토암, 셰일을 만든다.

점토로 만든 컵과 접시

점토를 구워 만든 벽돌

조개껍데기와 석회암
조개와 갑각류(게, 새우 등 껍데기가 딱딱한 동물) 등은 바닷물에 녹아 있는 탄산칼슘으로 껍데기를 만든다. 죽으면 바다나 호수 바닥에 가라앉아 석회질의 층을 이루고, 곧 석회암이 된다.

석탄은 어떻게 만들어지는가?
아주 오랜 옛날, 습지에서 무성하게 자란 양치식물과 이끼류가 죽어 물속에 잠겼다. 그것들이 압력을 받아 이탄이 되었다. 이탄은 땅 속 깊이 묻힐수록 더 뜨거워지고 밀도가 커져 석탄이 된다. 가장 깊이 묻힌 석탄은 가장 순수하고 단단한 무연탄이 된다.

백악
부드럽고 순도가 높은 석회암. 유럽에 있는 백악 절벽은 6,500만 년 전에 바다에서 떠다니며 산 작은 식물들의 유해로 만들어졌다.

물속에 잠긴 식물이 썩지 않고 이탄층을 만들었다. 아직 식물의 모습이 남아 있다.

오팔(단백석)
빛깔이 산뜻한 오팔은 퇴적암의 갈라진 틈이나 구멍을 덮고 있다. 암석 속에 들어 있는 나무와 조개껍데기의 화석이 본래의 모습 그대로 오팔에 남아 있는 경우도 있다.

갈탄은 퇴적에 의해 이탄이 눌려 굳어진 것이다. 수분은 눌려서 거의 빠져 나갔지만, 식물의 흔적은 남아 있다.

가장자리가 날카로운 부싯돌 화살촉

실리카(규산) 층에서 빛이 굴절해서 생긴 색

오팔은 빛깔이 매력적인 보석이다.

부싯돌
부싯돌(위)은 석영과 화학 성분이 같은 실리카(규산)의 미세한 입자로 이루어졌다. 쪼개지면 가장자리가 날카로워 칼과 화살촉을 만들기에 좋다.

화이트오팔

블랙오팔

석고의 결정이 장미꽃잎 같다.

역청탄(흑탄)은 단단하고 탄소가 많다. 탄화된 식물의 화석이 들어 있는 경우도 있다.

자르지 않은 오팔

석고 결정의 날카로운 가장자리

암염
얕은 바다나 사막의 짠물 호수에서 물이 증발해 남은 염분이 굳어져서 암염(바위 소금)이 된다. 석고도 암석을 만드는 염이다.

사막의 장미
사막의 지하수가 증발하면 석고 같은 염을 남기며 결정이 이루어진다. 여러 장의 석고 결정들이 모래 입자 주위를 둘러싼다.

무연탄은 가장 깊이 묻혀 있는 석탄이다. 불순물이 적어 태워도 연기가 나지 않고, 표면에서 윤이 난다.

변성암 Metamorphic Rocks

판이 움직여서 지각의 암석이 늘어나고 눌리고 열을 받으면 변성암이 된다. 변성암은 퇴적암, 화성암, 그리고 다른 변성암이 변해서 만들어진다. 암석이 변성되면 그 암석에 들어 있는 광물들이 재결정되어 암석의 구조가 달라진다. 이러한 변성 작용은 대부분 지각 깊은 곳에서 생긴다. 지각의 깊은 곳은 온도가 높고, 위쪽에 쌓여 있는 암석으로부터 큰 압력을 받기 때문에 암석이 녹지 않고 재결정된다. 재결정 작용은 더 큰 결정을 만들기도 하고, 다른 광물을 만들기도 한다.

규암
석영의 모래 입자만으로 이루어진 사암이 변성되면 각 모래 입자는 늘어난 압력에 따라 다른 모양으로 자란다. 둥글었던 모래 입자들이 결합하고, 입자들 사이의 틈을 석영이 메워 변성암인 규암이 만들어진다. 규암은 대리암보다 훨씬 단단하다.

규암

석회암이 대리암으로
석회암이 높은 열을 받으면 결정의 입자가 굵은 대리암(대리석)으로 변한다. 대부분의 석회암에는 모래 입자나 점토 입자가 있어 탄산칼슘 외의 화학 성분도 있다. 탄산칼슘은 재결정되어 대리암이 될 때 이러한 화학 성분과 반응하여 새로운 광물을 만든다. 그래서 대리암은 여러 가지 빛깔을 띤다. 빛깔을 띤 광물들은 변성 작용이 있을 때의 압력에 의해 주름진 층이다. 녹색 줄무늬가 있는 대리암의 주름은 원래의 퇴적층이 압력을 받아 만들어졌다.

석회암
석회암(위)이 여러 빛깔을 띤 대리암(오른쪽)으로 변한다.

녹색 줄무늬가 있는 대리암

화강암
화강암(아래)을 이루고 있는 석영, 장석, 운모는 크기가 거의 같은데, 암석에 불규칙적으로 흩어져 있다.

편마암
화강암이 열과 압력을 받으면 편마암(왼쪽)으로 변한다. 장석의 크림색 반점 둘레에 운모의 거무스름한 가는 띠가 있다.

호상 편마암(아래)
편마암의 줄무늬는 재결정될 때 일정한 방향으로 강한 압력이 있었음을 보여준다.

인도 무굴 제국의 황제 샤자한이 사랑하는 왕비 뭄타지마할을 위해 지은 타지마할. 순수한 탄산칼슘으로 이루어진 석회암이 변성된 흰 대리암으로 지어졌다. 타지마할은 '마할의 왕관'이라는 뜻이다.

화강암이 편마암으로
화강암이 받는 변성 작용이 강하지 않으면 새로 만들어진 암석은 화강암과 비슷하다. 그러나 산맥을 만드는 경우처럼 일정한 방향으로 강한 압력을 받으면 새로운 구조가 이루어진다. 새로 만들어진 편마암은 줄무늬 모양(호상)의 구조를 이룬다.

미그마타이트(혼성암)
암석의 일부가 녹을 정도의 높은 온도에서 변성되어 만들어진다. 화강암이 변성되어 만들어졌지만, 화강암의 구조가 남아 있지 않다. 줄무늬가 복잡하게 구부러져 있다.

활석
모래가 들어 있는 젖은 석회암이 변성되어 만들어진다. 부드럽고 매끄러운 구조로 되어 있고, 알려진 광물 중에서 가장 가볍다. 화장품인 분을 만드는 데 쓰인다.

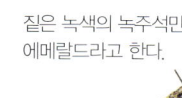
짙은 녹색의 녹주석만을 에메랄드라고 한다.

녹주석은 에메랄드와 화학 성분이 같다.

루비는 크롬에 의해 짙은 빨간색을 띤다.

사파이어(청옥)는 짙은 파란색이다.

뉴질랜드에서 나는 연옥의 둥근 돌은 알프스 산맥에 있는 단층에서 높은 압력을 받아 만들어진다.

경옥을 자른 것들

연옥으로 만든 꽃병

보석의 원석
암석이 변성되는 동안 물 등의 액체와 접촉하면 액체가 재결정을 도와 더 크고 투명한 결정이 이루어진다. 이 결정들을 자르고 닦으면 보석이 된다.

옥
빛깔이 짙은 화성암이 변성된 것이다. 단층 지대에서 발견되기도 한다. 경옥과 연옥, 두 종류가 있다.

장석이 들어 있어서 대리암은 옅은 분홍색을 띤다.

분홍색 대리암
스코틀랜드에서 나는 대리암의 짙은 녹색을 띤 결정은 백운암질 석회암에서 만들어진 광물이다.

흰 대리암
남에스파냐에서 나는 흰 대리암은 탄산칼슘만의 순수한 석회암이 재결정된 것이다.

흰 대리석으로 만든 조각상. 결정이 규칙적으로 이루어진 흰 대리석은 고대 그리스 시대부터 조각 재료로 사용되었다.

검은 점판암
누르스름한 빛깔을 띤 황철광의 정육면체 결정이 곳곳에 박혀 있다.

천매암
천매암 속에 들어 있는 운모의 결정이 반짝반짝 빛난다.

석류석 편암
이 결정 편암에서는 높은 온도와 압력을 받아 석류석의 결정이 자라고 있다.

그라슐러 석류석
오렌지색이나 녹색인데, 스리랑카와 브라질에서 발견된다.

이암이 편암으로
흐릿한 회색의 이암은 변성 작용에 의해 산뜻한 색의 결정질 암석인 결정 편암으로 변한다. 변성될 때의 온도와 압력의 차이에 의해 다른 종류의 새로운 광물이 만들어진다. 여기에 있는 암석들은 왼쪽부터 오른쪽으로 변성의 정도가 낮은 것에서 높은 것 차례로 놓여 있다. 가장 오른쪽에 있는 것이 변성될 때의 온도와 압력이 가장 높다.

석류석
변성암 속에 흔히 들어 있는 광물로, 몇 종류가 있다. 결정의 색은 변성되기 전 암석의 화학 성분에 의해 결정된다. 앨먼딘의 짙은 적갈색은 그 속에 들어 있는 철분의 색이다. 석류석은 밀도가 높은 단단한 광물이어서 칼 같은 것을 갈고 닦는 연마 재료로 쓰인다.

앨먼딘

헤서나이트

파이어로프

데먼토이드

회색 이암
이암은 바다나 호수의 바닥에서 만들어진 퇴적암이다.

남정석 편암
푸르스름한 남정석의 결정은 온도와 압력이 높은 산맥 중심부의 깊은 곳에서 만들어진다.

지구의 역사 *The Age of the Earth*

지구는 45억 년이나 되었다. 탄생 이후 35억 년 동안 지각이 이루어지고, 원시의 대기와 대륙이 생기고, 생명체가 나타나고, 판의 운동이 시작되었다. 이러한 사건들은 그 시대에 만들어진 암석에 기록되어 있다. 약 5억 7천만 년 전, 많은 생물이 폭발적으로 생긴 이후 점점 진화하여 현재 지구에는 다양한 동식물들이 살고 있다. 이러한 생물들의 잔해나 흔적이 암석에 화석으로 남아 있다.

지질학자들이 네덜란드의 동굴에서 모사사우루스(백악기에 유럽과 북아메리카에서 산 해룡)의 화석을 발굴하고 있다. 화석은 생물의 탄생과 멸종에 관한 정보를 제공한다.(19세기의 판화)

곤충
백악기에 잠자리 같은 곤충들을 비롯해 나비처럼 무리를 짓는 곤충들도 나타났다. 이 곤충들은 이때 처음 생겨 진화를 시작한 꽃 피는 식물들의 꽃가루받이를 도왔다. 그래서 꽃 피는 식물들은 초식 공룡들에게 많이 뜯겨 먹혀도 번식을 잘 할 수 있었다.

암모나이트(화석 조개)
중생대에 산 바다의 육식동물. 세계의 넓은 바다에 널리 퍼져 자유롭게 헤엄쳐 돌아다녔지만, 공룡처럼 백악기 말에 멸종되었다.

지층에 남은 지구의 역사
지질 시대의 모든 지층이 차례대로 쌓여 있는 곳은 없다. 그러나 미국의 그랜드캐니언에는 고생대의 전체 기간인 3억 2천만 년에 걸친 암석층이 있다. 침식 작용과 습곡 작용, 단층 작용이 지층을 뒤범벅으로 만들었지만, 암석의 무리들을 다른 암석의 무리들과 비교하면 왼쪽과 같은 도표가 나온다.

산호초
중생대에 판게아 대륙이 갈라져 육지 변두리의 낮은 지역이 바닷물에 잠겨 얕은 바다가 된 지역을 대륙붕이라고 한다. 대륙붕은 햇빛이 잘 들기 때문에 산호와 조개류가 잘 번식하여 커다란 석회질의 산호초를 만들었다.

약 4,000만 년 전에 산 곤충

척추동물(등뼈가 있는 동물)
약 4억 년 전에 바다에 나타난 원시 물고기가 최초의 척추동물이었다. 그 뒤 척추동물은 육지에도 올라가 판게아 대륙을 지배했는데, 초식 척추동물은 육지에 자리를 잡았다. 척추동물은 바다와 하늘에서도 번창했다.

육지에서 번성한 식물
오르도비스기에 최초의 육지 식물이 나타난 이후 석탄기에 이르기까지 8,500만 년 동안 여러 식물이 번성하여 거대한 숲을 이루었다. 커다란 양치식물이 습지를 덮었다. 숲은 그 뒤 지층에 묻혀 석탄층이 되었다.

호박 속에 든 곤충
모든 화석이 암석에서만 발견되지는 않는다. 이 각다귀 같은 곤충은 호박 속에 들어 있다. 호박은 나무의 끈적끈적한 진이 떨어져 땅 속에 묻혀 굳어진 광물이다.

해수면에 떠다니는 생물
고생대 바다에서는 집게처럼 생긴 필석이라는 바다 동물이 많은 무리를 지어 해수면에 떠다녔다. 많은 생물이 멸종되었던 고생대 말기 전에 멸종되었다.

찾아보기

ㄱ 가스층 6, 8·각다귀 62·각력암 58·간헐천 12, 20·갈탄 59·감람석 55, 57·감람암 57·감각류 59·건조 지대 52, 53·결정 편암 61·경옥 61·고비 사막 28, 51·고생대 23, 31, 62, 63·곤드와나 대륙 25, 37·공룡 5, 38, 62, 63·공전 7, 12, 54·공전 궤도 7·곶 42, 43·관입암 32·관입암체 33·광상 57·광역 변성 작용 32·광합성 6·교결 작용 58·구이린의 언덕 35·규산염 55·규산염 광물 6·규소 6, 55·규암 23, 33, 60·그라슐러 석류석 61·그래니트 협곡 31·그랜드캐니언 30, 31, 41, 62·그레이트 모하비 윌 31·그레이트 솔트 레이크 37·그레이트 디바이딩 산맥 23·그레이트브리튼 34·금 55, 56·기반암 52·기브슨 사막 51·기요 37·기포 10, 57

ㄴ 나미브 사막 51·나스카 판 12·나일 강 40, 41·남극 판 12, 13·남동 인도양 해령 12, 13·남아메리카 판 13·남정석 편암 61·남회귀선 22, 34, 50·내핵 6·너너비 46·노란 먼지 지대 53·노스미트 34·녹색 행성 6·녹주석 61·니하우 섬 18

ㄷ 다이아몬드 56·다트 강 43·단구(테라스) 29·단층 20~24, 32, 38, 61·단층면 20, 50·달걀 바구니 48·달링 강 41·담수호 46·대기권 7·대류 운동 6, 14·대류권 7·대륙 주변부 36·대륙 지각 7, 14, 16, 25, 39·대륙붕 21, 31, 36, 62·대륙판 14, 15, 36·대리암 33, 60, 61·대서양 중앙 해령 13, 38, 39·대수층 45·데날리 국립 공원 22·데먼토이드 61·데본기 62, 63·델타 41·도싯 해안 42·동아프리카 대지구대 23·동지 7·동태평양 해령 12·드라켄즈버그 산맥 23

ㄹ 라고 헬라다 습곡 지층 32·라나이 섬 18·레위니옹 섬 13·레이캬네스 해령 13·로스 붕빙 46·로스 해 47·로이히 해저 화산 19·로키 산맥 22, 48·론네 붕빙 46·루브알할리 사막 51·루비 61·룰워스 후미 42·르뮈 13·리아스식 해안 43

ㅁ 마그마 커튼 19·마노 56·마뉴템플 30·마더 포인트 30, 31·마렐라 11·마리아나 해구 12, 25, 37·마우나로아 화산 18, 19·마우이 섬 18·만년설 22·매달린 계곡 48, 49·메스키트 평원 50·매켄지 산맥 22·매키리 산 22·멀 섬 47·모뉴먼트밸리 34·모사사우루스의 화석 62·목련 63·몰로카이 섬 18·무광대 37·무연탄 59·무척추 동물 63·미그마타이트(혼성암) 60

ㅂ 바다조름 63·바르트 51·바위 절벽(해식애) 42·바이칼 호 25·반려암 19, 55, 56, 57·발트 해 46, 47·방연석 57·배드워터 분지 50·배틀십 31·백악기 62, 63·백악지 43·백운암질 석회암 61·버거 동물 44·번개 9, 17·베개 모양의 용암 18, 38, 39·베게너 14·베르호얀스크 산맥 44·베수비오 산맥 23·변성 작용 32, 60, 61·변성암 26, 27, 31~33, 60, 61·변환 단층 14, 39·보존 경계 14·보크사이트 58·부더 템플 30·부빙 47·부석 17, 57·부식토 52, 53·부싯돌 58, 59·북극의 빙산 46·북극해 47, 48·북아메리카 판 12·북회귀선 22, 34, 48·분홍색 대리암 61·분화구 8, 12, 13, 17, 18, 57·불의 산 16·불의 신 13·불의 여신 펠레 19·붕빙 47·브라이스캐니언 34·브라이트 엔젤 그리크 31·브라이트 엔젤 캐니언 30·브라이트 엔젤 포인트 30·블랙오팔 59·비스마크 판 12·빅스 토 26·빅토리아 호 40·빙모 34, 35, 46, 47, 63·빙퇴구 48·빙퇴석 48, 49

ㅅ 사구 50, 51·사라와크 동굴 44·사막의 장미 59·사문암 55·사임 30, 31, 33, 34, 45, 58, 59·사우스미트 34·사장석 55·사주 42·사취 42, 43·사층리 51·사파이어(청옥) 61·산티아고 23·산호 무리 62·산화철 57·삼각주 30, 41·삼엽충 11, 63·서시에라마드레 산맥 22·석류석 61·석류석 운모 편암 61·석순 44, 45·석영 56, 57, 58, 60·석영 모래 58·석탄 30, 59·석탄기 62, 63·석탄층 30, 62·석회 기둥 44·석회암 5, 30, 31, 33~35, 42~45, 58, 60, 61·석회화 44·선상지 50, 60, 61·선캄브리아 63·설선 22·섭입대 14, 15, 19, 22, 23, 25, 26, 33, 36, 38·성층권 7·세로화 21·세이프 51·세인트헬렌스 화산 5, 16, 17·셉터드 산 20·세일 59·소금 평원 37, 50·소금물 50·소노라 사막 50·수권 7·수목 한계선 22·수반구 37·수소 9, 54, 55·수증기 6, 9, 16, 46, 54·쉬르트세이(서츠이) 섬 43·스러스트(충상) 단층 23·스완지 만 42·스위스의 빙하 49·스칸디나비아 고원 23·스코리아 23·스코리시 고원 23·스코티아 판 13·스태퍼 섬 13·스트로마톨라이트 63·스피릿 호 17, 22~24, 32, 33, 35, 42·실라 산맥 22·시베리아 트랩 27·시생대 10·시드 사막 51·신생대 23, 29, 63·신성 54·실루리아기 63·실리카(규산) 59·심블피크 50·심성암 27, 56·심성암체 26·심프슨 사막 51·심해저 31, 36, 37·십 마운틴 22·쓰나미 21

ㅇ 아나톨리아 판 13·아노말로카리스 11·아라비아 사막 51·아라비아 판 13·아랄 해 37·아마고사 사막 50·아이세이아 11·아타나시우스 키르허 10·아타카마 사막 50·아틀라스 산맥 23·아프리카 판 13·아하가르 산지 35·안데스 산맥 22·알루미늄박 58·알류산 해구 12·알파인 단층 20·알프스 산맥 23, 33·암류권(연약권) 6, 47·암석권 6, 7, 19·암맥 19, 38·암모나이트 62·암붕 42·암석 포복 42·암석의 순환 27·암염 59·앙헬 폭포 34·애서배스카 빙하 5, 48·애추 29·애팔래치아 산맥 22, 23·엘먼티 61·아바파이 포인트 31·야키 포인트 31·악광대 37·양자 55·양치식물 59, 61·어급곤 13·어롱 62·에메랄드 산 24·에베레스트 록 35·에티오피아 고원 23·엘부르스 산 22, 23·역단층 23·역암 58·역청탄(흑탄) 59·연무 8, 17·연암 20·연옥 61·열곡 7·열대 51, 52, 53·13의 홀 44, 45·열수 38, 39, 57·열점 18·염화수소 9·오거스틴 화산 17·오닐 뷰트 31·오로라 7·오르데사 국립 공원 32·오르도비스기 62, 63·오아후 섬 18·오존 7·오존층 11, 63·오팔 59, 60, 61·올가 35·올드해리 바위 43·와디 40·와카레와레와 17·외기권 7·외핵 6·용암층 9, 17, 19·우각호 41·우랄 산맥 23·운모 56, 60·운석 8, 9, 37, 46, 54, 63·원생대 63·원자 33, 54, 55·원자핵 55·워드포스 포인트 30·위와시아 11·유광대 37·유라시아 판 12·유황 9·육반구 37·은 56·응회암 58·이란 판 13·이베리아 반도 33·이산화탄소 6, 9, 11, 45·이시스 템플 30·이암 59, 61·이탄 30, 59·이판암 31, 33·인셀베르그 34·일본 해구 12, 36

ㅈ 자기권 7·자기장 6, 7·자바 해구 12·자연 구리 56·자연 백금 56·자연금 56·자전 6, 7·자전축 7·장석 56, 60·적철석 57·전자 55·점토암 59·점토층 43, 45·점판암 33, 42, 61·정단층 23·조류(해조류) 11, 63·조립현무암 57·조산 운동 22, 23, 34·조산대 33·종유석 44, 45, 58·죽음의 계곡(데스밸리) 50·중간권 7·중생대 23, 62, 63·중성자 55·중앙아메리카 해구 27·쥐라기 62, 63·철 베른 39·지류 빙하 49·지미 엔젤 34·지중해 15, 33, 37, 41·지진파 21·진앙 20, 21·진원 20, 21·질소 9, 54

ㅊ 척색 동물 63·천매암 61·철 6~9, 11, 38, 54, 56, 57·초대륙 15, 63·초신성 54·추분 7·춘분 7·칠레 해령 12·칠성장어 63·침식 5, 10, 11, 13, 18, 20, 22~24, 26~37, 42, 43·침식 작용 22, 23, 28, 29, 34, 62·침전물 44

ㅋ 카도 호수 45·카라코람 산맥 25·카룸의 소금 기둥 13·카르스트 탑 35·카르파티아 산맥 33·카리브 판 12·카빌레가 폭포 40·카우아이 섬 18·카이바브 고원 30·카타 주타 35·카호올리웨 섬 18·칼데라 27·칼라하리 사막 51·캄브리아기 63·캐스케이드 산맥 17·캐터랙 41·캔터베리 평원 21·컬럼비아 빙원 48·케오프스 피라미드 30·K2 25·코마티아이트 10·코코니노 고원 31·코코스 판 12·콜로세움(원형 경기장) 58·콜론 해령 27·쿠릴 해구 12·쿡 산 20·쿤룬 산맥 23, 29·크레바스 49·크레이터 8·키머리지 만 42·킬라우에아 화산 19, 27·킬리만자로 산 22, 23

ㅌ 타지마할 60·타클라마칸 사막 51·탄산칼슘 44, 45, 59, 60, 61·탄소 55, 59·탐세르쿠 봉 24·태평양 남극 해령 12·태평양 판 12·테이블 산 35·테티스 해 15, 23, 25, 33, 35·텐 사우전드 스모크 계곡 12·텐산 산맥 23·톤토 대지 31·통가 해구 12·퇴적암 26, 27, 30, 32, 34, 45, 58, 60, 61·퇴적층 11, 23, 24, 29, 30, 37, 58, 60·툰드라 34, 50·트라이아스기 62, 63·트랜산타크틱 산맥 23, 46·트램 27·티베트 고원 5, 25·티오 포인트 30

ㅍ 파우얼 포인트 31·파이어로프 61·파충류의 화석 31·파호이호이 9, 27·판게아 대륙 15, 46, 62, 63·판타날 34·판탈라사 15, 37·퍼벡 섬 42·페그마타이트 56·페름기 62, 63·페리 산 50·편마암 60·편암 30, 61·폭발성 화산 16·풀 만 42·풍화 9, 13, 22, 23, 26, 28, 29, 35, 52, 53, 58, 59·플라야 50·플루톤 5, 26·피레네 산맥 32, 33, 39·피코 데 발리비에나 32·피크 라 카나우 33·필리핀 해 판 12·필석 62·핑갈의 동굴 13·핑고 34

ㅎ 하누우파 협곡 50·하부브 51·하와이 제도 18, 19·하지 7·한대 53·할루시니시아 11·항성 6, 54, 55·해구 36, 37·해령 14, 15, 26, 27, 31, 36~39·해류 47·해빙 46, 47·해안선 31, 33, 42, 46, 47·해양지 14, 15, 23, 24, 27, 36, 38, 39·해양판 14, 25·해저 이만 마일 39·해저 지진 21·해저 화산 13, 19, 37·해파리 63·향암 35·헤스나이트 61·헬륨 9, 54, 55·현무암 10, 13, 18, 19, 27, 39, 55~57·현무암질 마그마 19·현무암질 용암 19, 27, 38, 39·현무암질 현생대 63·협곡 31, 34, 36, 41, 42, 55~57, 60·호모 사피엔스 63·호상 편마암 60·호피 월 31·호피 포인트 31·혼테드 캐니 30·홍해 39, 40·화강암 10, 23, 25, 26, 32, 33, 41, 42, 55~57, 60·화강암 저반 26·화강암질 지형 26·화산대 12, 13·화산섬 18, 27·화산암 13, 17, 56·화산재 12, 13, 16, 17, 22, 27, 35·화산재 구름 16, 17, 18·화산탄 57·화성암 10, 13, 25~27, 32, 56, 57, 60·화이트오팔 59·환드퓨카 판 12·환태평양 화산대 12·활석 61·황화암 20·황 38, 57·황동석 57·황토 지대 28, 29·황하 28, 29·황화가스 9·황화물 38, 57·회색 이암 61·횡압 61·후두 34·후지 산 35·휘석 55, 57·흑요석 57·흰 대리암 60, 61·히말라야 산맥 5, 15, 22~24, 33, 39, 51, 63

글 / 수잔나 반 로스
영국 세인트 앤드류스 대학을 졸업하고, 런던의 지리자연사 박물관에서 지리학자로 활동했다. 지구과학 관련 책과 어린이과학 잡지를 많이 냈다.

그림 / 리처드 본손
영국의 세계적인 삽화가. 북디자이너로 활동하다가 20년 넘게 자연사에 관한 책의 삽화를 그렸다.

번역 / 여상진
서울대학교 자연과학대학 지질학과 이학사, 석사, 박사 과정 수료, 한국광물학회 편집 간사를 지냈다.

감수

김수진
서울대학교 문리과대학 지질학과 이학사, 석사, 박사 과정 수료, 독일 하이델베르크 대학교 광물학과 이학 박사를 수료한 후 서울대학교 지구환경과학부 교수를 지냈다. 대한민국학술원상, 운암지질학상, 홍조근정훈장 등을 수상했다.

최석영
서울대학교 지구환경과학부와 동대학원을 졸업했다. 대성 전국모의고사 출제위원, 메가스터디 강사로 있었다.

박영주
서울대학교 사범대학 지구과학교육과를 졸업하고, 서울대학교 자연과학대학원 대기과학과를 졸업했다. 중학교 과학교사로 있다.